改正民法対応
各種契約書見直しのポイント

編集　堂島法律事務所

新日本法規

は し が き

　平成29年5月26日、民法（債権関係）の改正法が国会で可決され、同年6月2日に公布されました。この改正法は令和2年4月1日に施行予定であり、いよいよ間近に迫ってきました。

　改正法成立後、各企業において、改正内容を踏まえた契約書書式・ひな形の見直し・修正が進められており、当事務所でも、そうした企業からさまざまなご相談をいただき、書式・ひな形の修正提案等に関与しております。施行日が近づく中で、契約条項の見直し等のピッチを上げている企業、これから本腰を入れるという企業も多かろうと思います。また、改正法施行後の個別交渉において、契約条項のあり方につき、改正内容を踏まえてのさまざまな検討・提案・交渉がなされるものと予想されます。

　本書は、こうした企業の皆さまのニーズにお応えするべく、改正内容を踏まえた契約条項のあり方を検討し、一つの案をご紹介するものです。

　改正内容を踏まえた契約条項といっても、改正法の大半が任意規定であって、契約当事者の合意によって法と異なる内容とすることが可能です。契約交渉の力関係に差がない場合などでは、いずれかに有利なものではなく、改正法の規定どおりの契約条項にすることもあるでしょうし、交渉の結果や業界の慣習等により、改正法の定めに比べて一方当事者に有利な契約条項にすることもあり得ます。本書では、改正法の規定どおりの契約条項（いわば「中立な条項」）のほか、従前の実務において、一方当事者の目からみて有利になる特約が定められていたものを中心に、改正法を踏まえての有利な条項例を準備しました。

　改正法下で、どのような契約条項とするべきかについて、一定の議論がなされていますが、意見の分かれる点もあります。現時点では、改正法は施行されていませんので、当然のことながら、改正内容を前提にした裁判例は一件もありません。改正内容が実務に浸透し、新たな実務が形づくられるには、施行日以降の判例・裁判例の集積を待つ必要があるでしょう。そのような中で、本書では、現在の議論の到達点を踏まえた一定の理解に基づき、考え得る条項例をご紹介しています。今後の実務の集積、判例・裁判例の動向次第で、私たちが用意した条項例が実務と乖離したものとなるかもしれません。私たちも本書の発行まで不断の見直しと改訂の努力を続けてきましたが、法は生き物であり、実務や法解釈は移り変わっていくものですので、その点、どうかご理解いただければ幸いです。

　本書は、当事務所の中堅パートナーのメンバーで執筆しました。

その背景には、これまでの当事務所で培った契約実務と、改正法成立後の依頼者様との勉強会やディスカッション等を通じて培ったアイディアがあります。実務家である我々弁護士がこういった実務書の執筆ができるのは、我々にご依頼いただいた依頼者様のお陰です。ここに御礼申し上げます。

　最後に、本書の刊行につきましては、新日本法規出版の河村悟氏にご担当いただき、企画段階から出版に至るまで、大変お世話になりました。この場をお借りして、深く感謝いたします。

　令和2年1月

堂島法律事務所　執筆者代表　奥 津　　周

編集者・執筆者一覧

令和2年1月現在

編　集　堂島法律事務所

＜編集者＞
奥津　　周　（弁護士／パートナー）

＜執筆者＞（五十音順）
奥津　　周　（弁護士／パートナー）

柴野　高之　（弁護士／パートナー（弁護士法人堂島法律事務所　社員））

野村　祥子　（弁護士／パートナー）

松尾　洋輔　（弁護士／パートナー）

山本　　淳　（弁護士／パートナー（弁護士法人堂島法律事務所　社員））

凡　例

＜本書の内容＞

　本書は、平成29年法律第44号による民法（債権法）の改正に伴って契約書を見直す際に役立つよう、各種契約書の新旧条項例（※）を掲げて重要な箇所に下線を付した上で、見直しのポイントや実務上の留意点についてわかりやすく解説しています。

（※）　改正による変更の必要がない条項についても、実務上重要なものについては、維持の表示を付して掲載しています。

＜法令等の表記＞

　根拠となる法令等の略記例及び略語は次のとおりです（〔　〕は本文中の略語を示します。）。

　　民法第617条第1項第3号＝民617①三

民	民法
改正法〔改正法〕	民法の一部を改正する法律（平成29年法律第44号）による改正後の民法
改正前民〔改正前民法〕	民法の一部を改正する法律（平成29年法律第44号）による改正前の民法
〔改正商法〕	民法の一部を改正する法律の施行に伴う関係法律の整備等に関する法律（平成29年法律第45号）による改正後の商法
改正前商〔改正前商法〕	民法の一部を改正する法律の施行に伴う関係法律の整備等に関する法律（平成29年法律第45号）による改正前の商法
消費契約	消費者契約法
宅建業〔宅建業法〕	宅地建物取引業法
破産	破産法
労基	労働基準法
労契	労働契約法
部会資料	法制審議会民法（債権関係）部会資料

＜判例の表記＞

　根拠となる判例の略記例及び出典の略称は次のとおりです。

　　最高裁判所平成27年6月1日判決、最高裁判所民事判例集69巻4号672頁
　　＝最判平27・6・1民集69・4・672

目　次

第6章　その他の典型契約
（委任・寄託・雇用・組合契約）

第7章 保証に関する契約

第8章　債権譲渡に関する契約

第9章　定型約款を用いた契約

第 1 章

総 論

2

第1　民法（債権法）改正の経緯

1　民法（債権法）改正の必要性

　民法は、明治29年に成立し、明治31年に施行されています。それから約120年が経過していますが、債権関係の規定について、抜本的な改正がなされたことはありませんでした。

　この間、社会や経済情勢は大きく変化しました。取引の内容、方法等も激変し、また複雑、多様化しています。情報伝達の手段も著しく発展し、多様化しました。また、この間に多数の判例が蓄積し、また学説上も多様な議論がなされるとともに、時代の変化に応じて民法の解釈も変容してきました。

　このような事情から、改正前民法には以下のような問題があると言われていました。

①　「条文にはないルール」が機能しているという現実。

　　例えば、契約によって付随的に生じる説明義務や情報提供義務などがこれに当たります。

②　「条文とは異なるルール」が機能している現実。

　　例えば、詐欺の第三者保護要件は条文では「善意」ですが（改正前民96③）、通説判例は、「善意・無過失」を要件としています。

③　判例・学説によってルールが補充されている。

　　例えば、詐害行為取消権はわずか3条、債権者代位権はわずか1条の条文だけで、詳細な要件、効果をここから読み取ることはできず、判例や学説を調べなければわかりません。

④　判例・学説でも見解の分かれている論点が少なくない。

　　解釈によって事案に応じた解決がなされているという面はありますが、予測可能性は低いと言わざるを得ません。

⑤　現在の経済情勢に適合しない。

　　改正前民法の法定利率は5％ですが、現在の低金利の状況にはそぐいません。また、譲渡禁止特約の付された債権の譲渡は物権的無効と解されていることにより、債権の流動化が阻害されていると言われています。

⑥　法律の専門家のみが知っているルールがある。

　　民法の条文を読んだだけでは理解できない記載のものが多くあります。また、例外となるルールのみが規定されていて、原則となるルールが規定されていないものもあります。

⑦　「世界の標準ルール」と異なる「日本独自のルール」がある。

　　グローバル化が進んでいる中で、世界の標準的な取引のルールに合わせる必要が
あるのではないかと言われています。

　上記のような事情のため、民法、特に債権法を現在の社会情勢や経済情勢に合わせ
るとともに、またわかりやすく、使いやすいものへと改正する必要があると言われて
いました。

2　民法の改正法の成立

　平成21年10月28日、法務大臣は、法制審議会に対して、民法のうち債権関係の規定
の見直しを行うことを諮問しました（諮問第88号「民事基本法典である民法のうち債
権関係の規定について、同法制定以来の社会・経済の変化への対応を図り、国民一般
に分かりやすいものとする等の観点から、国民の日常生活や経済活動にかかわりの深
い契約に関する規定を中心に見直しを行う必要があると思われるので、その要綱を示
されたい。」）。その後、法制審議会に「民法（債権関係）部会」が設置され、平成27年
2月までの間、同部会で民法（債権法）改正に関する議論がなされました。

　同部会においては、議論の過程で、「民法（債権関係）の改正に関する中間的な論点
整理」や、「民法（債権関係）の改正に関する中間試案」の取りまとめがなされました。
また、これらに対しては、それぞれパブリック・コメント手続が実施されるとともに、
関係諸団体からのヒアリングもなされました。

　そして、平成27年2月に、同部会によって「民法（債権関係）の改正に関する要綱案」
がとりまとめられ、同月24日に、法制審議会において、この要綱案どおりの内容で「民
法（債権関係）の改正に関する要綱」が採択され、法務大臣に答申がなされました。

　その後、この要綱に基づいて法律の改正案が作成され、平成27年3月31日に、「民法
の一部を改正する法律案」と、「民法の一部を改正する法律の施行に伴う関係法律の整
備等に関する法律案」が国会に提出されました。

　その後、国会審議の状況により、審議入りされるまではしばらくかかりましたが、
平成28年秋の臨時国会から審議がなされ、平成29年4月14日に衆議院本会議で可決さ
れ、さらに同年5月26日に参議院本会議で可決されることによって成立し、同年6月2日
に公布されました。

3　施行日

　今回の改正法は、一部の例外を除いて、令和2年4月1日に施行されることになっていま
す。

第2　改正の方向性

1　社会・経済の変化に対応する

　今回の民法（債権法）改正の方向性としては、大きく二つの趣旨があります。その一つが社会・経済の変化に対応するというものです。具体的には、例えば以下のようなものがあります。

① 　法定金利を経済情勢に合わせることとし、変動金利性が導入されることになりました。

② 　職業別の短期消滅時効の制度を撤廃し、消滅時効の時効期間が単純化されました。

③ 　債権の流動化を促進するため、債権譲渡法制、特に譲渡制限特約に関する規律が改正されました。

④ 　広く社会のあらゆる取引に利用されている約款に法的根拠を与えるとともに、一定の規制を設ける規定が設けられました。

2　わかりやすいものとする

　もう一つの改正の方向性としては、国民にとってわかりやすく、使いやすい民法にするというものです。具体的には、例えば以下のようなものがあります。

① 　契約は守られるべきものという原則が明らかにされました。

② 　確立した判例法理の明文化がなされました。

③ 　詐害行為取消権や債権者代位の要件、効果を詳細に規定するとともに、詐害行為取消権の内容について、倒産法と一定の範囲で平仄を合わせるものとされました。

④ 　消滅時効の時効障害事由（中断事由等）がわかりやすいものに改正されました。

第 2 章

売買・贈与契約

第1　改正のあらまし

1　瑕疵担保責任

改正前民法では、瑕疵担保責任の法的性質について、法定責任説と契約責任説が対立し、それぞれの立場から買主がいかなる手段を追及し得るかが論じられてきました。改正法では、通説的見解となっている契約責任説を採用し、瑕疵担保責任が債務不履行責任の特則であることを明らかにするとともに、買主の採り得る救済手段を改めて整備しました。

(1)　瑕疵概念等の整理・要件論

わかりやすい民法とする観点から、「瑕疵」という文言は廃止され、「引き渡された目的物が種類、品質又は数量に関して契約の内容に適合しないものであるとき」(改正法562①)、すなわち契約不適合がこれに取って代わることになりました。改正前民法では、目的物の瑕疵(改正前民570)と目的物の数量不足(改正前民565)は別々に規定されていましたが、改正法では後者も契約不適合と整理されています。

また、「隠れた」瑕疵の文言(改正前民570)が外されていますが、これは契約不適合構成をとることによる理論的な整理であり、改正前民法下の実務を変更するものではないとされています。つまり、契約不適合を判断する前提としては、買主が当該契約において、売買の目的物の品質等について何を求め、何を受容したかという買主の認識を考慮することになるところ、それに重ねて契約不適合に関する買主の主観を問題にする意義は乏しいことから、「隠れた」要件を外したというものです。

(2)　買主の採り得る手段

契約不適合がある場合、買主は追完請求権として、目的物の修補、代替物の引渡し又は不足分の引渡しを求めることができることが明らかにされました(改正法562①本文)。追完方法の選択権は原則として買主にありますが、買主に不相当な負担を課するものでないときは、売主に選択権が認められています(改正法562①ただし書)。

また、追完を求めても売主が応じないときには、買主は不適合の程度に合わせて代金の減額を求めることができます(改正法563①)。契約の無催告解除(改正法542)と同じく、追完が不能な場合などには催告なしに減額請求が認められます(改正法563②)。

契約不適合が買主の責めに帰すべき事由によるときは、追完請求権及び代金減額請求権は認められません(改正法562②・563③)。これは、契約不適合について帰責事由のある買主が追完等を要求するのは相当ではないとの理由によるものです。

　契約不適合は債務不履行の一場面であることから、契約不適合の場合の契約の解除と損害賠償については、債権総論の規定（改正法415・541・542）が適用されることが明示されています。

（3）　権利行使に係る期間制限

　改正前民法では、瑕疵担保責任に基づく契約の解除又は損害賠償請求には、瑕疵があることを知った時から1年以内という期間制限が設けられていました（改正前民566③・570）。これは除斥期間とされ、買主は期間内に「売主に対し、具体的に瑕疵の内容とそれに基づく損害賠償請求をする旨を表明し、請求する損害額の根拠を示す」必要があるとされていました（最判平4・10・20判タ802・105）。

　改正法では、不適合の内容によって異なる規律を設けることとし、種類又は品質に関するものである場合は、不適合を知ったときから1年以内の通知がなければ、契約不適合責任を追及する権利を失うものとしています（改正法566本文）。ここでいう「通知」は、契約不適合の事実を告げることで足り、前記の判例法理は変更されています。

　一方、数量や売買の目的である権利の不適合の場合には、通常は不適合が明らかであり、取引が完結したという売主の期待を保護する必要性が小さいことから、同様の期間制限は設けられておらず、消滅時効の一般原則（改正法166①）が適用されます。

2　危険の移転

　改正前民法534条は、債務者の責めに帰することができない事由によって目的物が滅失・損傷した場合、債権者は反対給付の義務（代金支払義務）を免れないとする債権者主義を定めていましたが（種類物については特定した場合に限ります。）、引渡しを受けていない段階でも債権者が危険を負担することについては従来から批判の多いところでした。改正法は、債権者主義を廃止し、当事者双方の責めに帰することができない事由による履行不能の場合、債権者が反対給付の履行を拒めることを原則に据えました（改正法536①）。その上で、引渡しによって危険が移転することを明示し、引渡し後に当事者双方の責めに帰することができない事由によって滅失・損傷した場合には、買主はこれを原因とする追完、代金減額、損害賠償の請求及び契約の解除ができないことを明らかにしました（改正法567①）。これに対し、買主、すなわち目的物引渡債務の債権者の責めに帰すべき事由による履行不能の場合に債権者に反対給付の履行拒絶権がないのは改正前民法と同様です（改正法536②）。

　また、改正前民法でも、履行の提供がなされたにもかかわらず、債権者が受領を拒絶した場合（受領遅滞）、その後に発生した危険は債権者が負担すると解されていました

が、改正法では、契約の内容に適合する履行の提供がなされた場合の受領遅滞の効果として危険が買主に移転することを明文化しました（改正法567②）。なお、引き渡された目的物に契約不適合がある場合、買主が契約不適合責任を追及することは妨げられませんが、種類物売買の場合は、そもそも契約に適合しない目的物では「特定」（民401②）の効果が生じないため、これを履行に供しても買主への危険の移転は生じません。

3　手　付

　　改正前民法557条1項は、手付を受け取った売主は、その倍額を「償還」して契約を解除することができる旨定めていましたが、判例（大判大3・12・8民録20・1058）は、手付の倍額を現実に提供すれば足り、買主に払い渡すことまでは不要としています。そこで、改正法は、判例に基づき、「償還」を「現実の提供」と改めました。また、改正前民法557条1項は、「当事者の一方が契約の履行に着手」したときは手付解除ができなくなることを定めていたところ、解除する者のみが履行に着手した場合にも解除ができないという誤解を避けるため、改正法557条1項ただし書は、「相手方が契約の履行に着手した後」と文言を改めました。

4　贈　与

　　改正前民法549条は、贈与の目的である物又は権利を「自己の財産」と定めていましたが、改正法549条は、これを「ある財産」と改めることで他人物贈与も有効であることを条文上明らかにしました。

　　また、改正前民法550条は、書面によらない贈与の「撤回」を定めていましたが、民法全体の用語の統一を図る観点から、「解除」に改められました。

　　さらに、担保責任についても改正がなされています。改正前民法551条は、贈与者は目的物に瑕疵があることを知りながら告げなかった場合を除いて担保責任を負わないこととし、担保責任の軽減を図っていました。これに対し、改正法では、売買において契約責任説をとることとの整合性を図る観点から、贈与者は契約の内容に適合した目的物を引き渡す義務を負うこととした上で、贈与者は贈与の目的である物又は権利を、特定した時点の状態で引き渡し、又は移転することを約束したものであるとの推定を及ぼすこととしました（改正法551①）。これにより、当事者間でこれと異なる合意等がされていることが立証されない限り、贈与者は、担保責任を追及されないことになり、贈与者の担保責任の軽減が図られます。なお、贈与の目的が種類物であるときは、あらかじめ定めた契約の内容に適合しない限り「特定」の効力が生じませんが、

目的物選定時の状態をもって契約の内容とする合意があったと見ることで、贈与の無償性に応じた贈与者の責任軽減を図ることができると考えられます。

5　経過措置

　改正法が適用されるのは、改正法施行後に新たに締結された売買契約・贈与契約であり、改正法施行日前に締結された売買契約・贈与契約については引き続き改正前民法が適用されます（改正法平29法44附則34①）。改正前民法が適用される売買契約に定められた買戻条項によって行う買戻しについても、やはり改正前民法が適用されます。

第2　見直し条項

契約書名	見直し条項
1　土地建物売買契約書 　　（自己使用の場合）	① 契約不適合責任（瑕疵担保責任） ② 物件の現況説明 ③ 担保責任免除 ④ 債務不履行による解除・違約金 ⑤ 危険負担 ⑥ 手　付
2　土地建物売買契約書 　　（賃貸物件の場合）	① 賃貸人の地位の承継 ② 賃貸人の地位の留保
3　動産売買契約書	① 種類物売買と追完請求権 ② 損害賠償 ③ 解　除 ④ 受領遅滞
4　取引基本契約書	① 契約の目的 ② 検収及び追完 ③ 契約不適合責任（瑕疵担保責任） ④ 所有権の移転及び危険負担 ⑤ 受領遅滞 ⑥ 権利義務の譲渡制限 ⑦ 解　除 ⑧ 損害賠償
5　贈与契約書	① 現状有姿による引渡し

1 土地建物売買契約書（自己使用の場合）

1—1 契約不適合責任（瑕疵担保責任）

① 修補請求権等を定めた条項

 （瑕疵担保責任）

第○条 買主は売主に対し、本物件に隠れた瑕疵があり、この契約を締結した目的が達せられない場合は契約の解除を、その他の場合は損害賠償の請求をすることができる。契約を解除した場合でも、買主に損害がある場合には、買主は売主に対し、損害賠償の請求をすることができる。

2 買主は、売主に対し、損害賠償に代え又はこれとともに修補の請求をすることができる。

3 第1項及び前項による解除又は修補・損害賠償の請求は、本物件の引渡し後2年を経過したときはできないものとする。

 （契約不適合責任）

第○条 買主は売主に対し、本物件の品質が本契約の内容に適合しないとき（契約不適合）は、修補による追完又は代金の減額を求めることができる。

2 前項の場合において、買主は、何らの通知催告を要せず、本契約を直ちに解除することができる。

3 前2項の規定は、買主による契約不適合により生じた損害の賠償請求を妨げない。売主は、売主の責めに帰することのできない事由によるものであることを理由として損害賠償を免れることはできないものとする。

4 買主による不適合の通知が本物件の引渡し後2年を経過した後になされたときは、買主は、本条による修補、代金減額、解除又は損害賠償の請求をすることはできないものとする。

＜条項例のポイント＞

　上記条項例新は、改正法に基づき、瑕疵担保責任条項における「瑕疵」を「契約不適合」に改めています。担保責任の内容としては、修補と代金減額を並列し、直ちに

代金減額を求められる点で改正法の原則よりも買主に有利な内容となっています。

　また、改正法では、契約不適合がある場合の解除及び損害賠償は、債務不履行一般の規律に従うこととなりましたので、不都合があれば契約で修正する必要があります。上記条項例[新]では、契約不適合を理由とする無催告解除を認め、損害賠償についても、売主の免責事由の主張を許さない点で買主に有利な条項となっています。

＜実務上のアドバイス＞

　不動産売買で一般的に行われている公簿取引の場合、数量不足は契約不適合を構成しません。また、売買の目的となる不動産は不代替物で特定物であるのが通常ですから、改正法562条の契約不適合に該当するのは品質に問題があった場合に限定されます。また、不足分の提供や代替物の提供は通常観念できませんので、追完方法は修補に限定することが多くなると考えられます。

　契約不適合責任に関する改正法の規定は任意規定であり、上記条項例[新]のように買主に有利に修正することも、責任の内容や期間を限定するなど売主に有利に修正することもできます。

　しかしながら、宅建業者が売主、非宅建業者が買主となる不動産売買契約では、担保責任の追及期間を引渡しから2年以上とすることを除き、民法の規定よりも買主に不利な特約をすることは禁じられていますので（宅建業40①）、その場合は、改正法の原則どおりの契約を締結することとなります。

　解除については、債務不履行解除の条項に従うこととなりますが、改正前民法566条において瑕疵を理由とする解除について設けられていた「契約をした目的を達することができないとき」という限定がなくなることに注意が必要です。

　なお、改正法では、移転した権利が契約の内容に適合しない場合には品質等に関する契約不適合責任の規定が準用されています。不動産売買契約書では、抵当権等の抹消に関する条項として、買主の完全な所有権等の行使を阻害する一切の負担を除去・抹消することを約束する条項が置かれることが一般的ですが、改正法の下でも、この条項を維持することで、移転した権利の完全性を欠く場合には契約不適合に該当することを明らかにできると考えられます。

② 不適合の範囲及び買主の救済手段を限定する条項

旧 （瑕疵担保責任）

第○条 売主は、買主に対し、本物件における次の隠れたる瑕疵についてのみ担保責任を負うものとし、それ以外の瑕疵について責任を負わないものとする。

① 雨漏り

② シロアリの害

③ 建物構造上主要な部位の木部の腐蝕

④ 給排水管の故障

2 売主は、前項各号の瑕疵について、本物件の引渡しから3か月以内に買主から通知を受けた場合のみ担保責任を負うものとする。

3 担保責任の内容は修補に限るものとし、買主は、売主に対し、第1項の瑕疵について、本契約の無効、解除又は損害賠償の請求をすることはできないものとする。

新 （契約不適合責任）

第○条 売主は、買主に対し、本物件の品質に関し、以下に定める事項（契約不適合）についてのみ担保責任を負うものとし、品質に関するその他の問題がある場合でも、買主は本物件が本契約の内容に適合しない旨主張することはできないものとする。

① 雨漏り

② シロアリの害

③ 建物構造上主要な部位の木部の腐蝕

④ 給排水管の故障

2 売主は、前項各号の契約不適合について、本物件の引渡しから3か月以内に買主から通知を受けた場合のみ担保責任を負うものとする。

3 担保責任の内容は修補に限るものとし、買主は、第1項の契約不適合について、本契約の無効、解除、損害賠償又は代金減額の請求をすることはできないものとする。

> 4　第1項各号の事実の発生が買主の責めに帰すべき事由によるものである
> 　　ときは、売主は担保責任を負わないものとする。

＜条項例のポイント＞

　宅建業法40条の適用を受けない不動産売買では、①雨漏り、②シロアリの害、③建物構造上主要な部位の木部の腐蝕、④給排水管の故障に限り瑕疵担保責任の対象とすることが一般的に行われています。上記条項例[新]は、これを契約不適合の観点から文言を整えつつ、買主が採り得る手段を修補のみに限定するものです。

　また、改正法566条では、追完請求権の行使期限は「不適合を知った時」から「1年以内」とされていますが、契約不適合責任を追及されるかもしれないという不安定な状態から売主を早期に解放するため、上記条項例[新]では、「引渡し」から「3か月以内」に通知することを要求し、始期・期間の両面で売主有利に修正しています。

＜実務上のアドバイス＞

　不動産売買に限らず、契約不適合という概念が採用された改正法の下では、目的物が契約の内容に適合する場合とそうでない場合の判断基準をできるだけ明らかにしておくことがトラブルを回避することにつながります。上記条項例[新]のように、物件に生じ得る不具合のうち、不適合を構成するものとそうでないものを峻別しておくのも一つの方法です（**本章第2・1－②参照**）。

　また、改正前民法では、数量指示売買の場合にのみ代金減額請求が可能でしたが、改正法では、不適合の内容を問わず代金減額請求権が認められています。また、買主は、債務不履行一般の規律に従って損害賠償請求及び解除ができることとなりました。

　そこで、契約交渉の際には、売主・買主それぞれの立場で、契約不適合責任の救済メニューをどのように修正するかが重要な要素となります。

　さらに、担保責任の期間制限については、売主の立場では、引渡しを起点として、できるだけ短い期間を定めておくことが考えられます。

　ただし、売主が事業者、買主が消費者であるなど、当該売買が消費者契約に当たる場合には、別途の注意が必要です。

　消費者契約法10条は、「消費者の不作為をもって当該消費者が新たな消費者契約の申込み又はその承諾の意思表示をしたものとみなす条項その他の法令中の公の秩序に関しない規定の適用による場合に比して消費者の権利を制限し又は消費者の義務を加重する消費者契約の条項であって、民法第1条第2項に規定する基本原則に反して消費

者の利益を一方的に害するものは、無効とする」としており、売主である事業者の契約不適合責任を全部又は一部免除したり、消費者の権利行使を制限したりする場合には、消費者の利益を一方的に害するものとして無効とされる場合もあります。

1－2　物件の現況説明

> **維持**（物件状況等報告書）
>
> 第○条　〔前略〕売主は、買主に対し、本物件について、本契約締結時における状況等を別紙「物件状況等報告書」〔省略〕に記載して説明する。〔後略〕

＜条項例のポイント＞

　上記条項例のように、一般に、不動産売買契約では、物件状況等報告書などを用いて目的物件の現況を説明することが行われています。改正法の下でも、この運用を維持することにより、契約不適合をめぐるトラブルが発生する可能性を低くすることができると考えられます。

＜実務上のアドバイス＞

　改正前民法における裁判実務では、瑕疵の有無を判断する際には、目的物の客観的性状と当事者の意図の双方が斟酌されていましたが、「契約の内容」への「適合」が明記された改正法下では、不適合の判断の際、当事者がその契約に何を求めているかが一層重視される可能性があります。

　「物件状況等報告書」や「設備表」は、契約内容を判断する資料となり得るため、これらを整備することが将来のトラブル回避につながります。また、物件の状況のうち、損傷箇所など、買主にあらかじめ了解しておいてほしい事項については、別途、買主は該当事項を了解して買う旨の特約条項を設けることも有益ですが、これも改正前民法下の実務を変更するものではありません。

1−③　担保責任免除

旧 （瑕疵担保責任）
第○条　売主は、本物件を現状有姿で買主に売り渡すものであり、売主は本物件に隠れた瑕疵（土壌汚染、地中埋設物及び産業廃棄物を含むが、これらに限られない。）が発見された場合でも、買主に対して瑕疵担保責任を負わないものとする。

新 （契約不適合責任）
第○条　売主は、本物件を現状有姿で買主に売り渡すものであり、売主は本物件の品質上の問題（土壌汚染、地中埋設物及び産業廃棄物を含むが、これらに限られない。）が発見された場合でも、買主に対して一切の責任を負わないものとし、買主は、追完、代金減額、解除並びに損害賠償を請求すること又は契約の取消しを主張することができないものとする。

＜条項例のポイント＞

　契約不適合事由が生じた場合でも、売主が一切の責任を負わない旨を定める例です。担保責任を負わない旨の特約は改正法でも許容されますが、損害賠償と解除が債務不履行の一般原則に従うと整理されたため、単に担保責任を免除すると規定するのではなく、損害賠償請求や解除も主張できないこと（加えて錯誤取消しも）を明らかにしています。

＜実務上のアドバイス＞

　宅建業法や消費者契約法の適用を受ける売買では、宅建業者（事業者）が契約不適合責任を免れる特約は無効です。
　そのような売買では、売主としては、目的物に関する情報提供を充実させることで、買主に目的物の性状をしっかりと把握してもらい、把握済みの情報については契約不適合を構成しないことを確認することにより、契約不適合責任を追及されるリスクを小さくすることが考えられます。

1−④　債務不履行による解除・違約金

旧 （債務不履行による解除・違約金）

第○条　売主又は買主は、相手方が本契約にかかる債務の履行を怠ったとき
　　は、相当の期間を定めて催告をした上、本契約を解除することができる。

2　　前項の場合において、売主又は買主は、債務の履行を怠った相手方に対
　　し、契約の解除に伴う損害の賠償として、表記違約金の支払を請求するこ
　　とができる。この場合には、売主は買主から受領した手付金その他の金員
　　を無利息で買主に返還しなければならない。

新 （債務不履行による解除・違約金）

第○条　売主又は買主は、相手方が本契約にかかる債務の履行を怠ったとき
　　（債務不履行の内容が軽微である場合を含む。）は、相当の期間を定めて催
　　告をした上、本契約を解除することができる。

2　　前項の場合において、売主又は買主は、債務の履行を怠った相手方に対
　　し、契約の解除に伴う損害の賠償として、表記違約金の支払を請求するこ
　　とができる。この場合には、売主は買主から受領した手付金その他の金員
　　を無利息で買主に返還しなければならない。違約金請求の相手方は、自ら
　　の責めに帰することができない事由によるものであることを主張して違約
　　金の支払を免れることはできないものとする。

＜条項例のポイント＞

　解除について、催告解除の条項を維持した上で、軽微性の抗弁（改正法541ただし書）
を排除した条項例です。また、損害賠償については、不動産取引で用いられることの
多い違約金方式を採用しつつ、債務者による免責の抗弁（改正法415①ただし書）を排除
することを明示しています。

＜実務上のアドバイス＞

　改正法では、債務不履行を原因とする催告解除に対し、当該不履行がその契約及び
取引上の社会通念に照らして軽微であること（軽微性の抗弁）を主張して解除を免れ
ることが認められています。もっとも、軽微性の判断は容易でないことも予想される

ため、紛争回避の観点からは、契約であらかじめ排除しておくことも考えられます。上記条項例旧のように、軽微性の抗弁を留保しない規定であれば目的を達すると考えられますが、上記条項例新のように、念のため、抗弁を排除することを明示しておくことも考えられます。

　また、物件引渡し・代金支払等の本来的な債務と、説明義務等の付随的な債務を区別し、前者の不履行に軽微な場合がない旨規定しておくことで抗弁の範囲を画することも考えられます。

　また、改正法では、債務者は、債務不履行があれば原則として損害賠償義務を負い、債務者の責めに帰することのできない事由によるものであることが抗弁に回ります。契約で定めた履行責任を果たしていない以上、責めに帰することができない事由が認められるのは極めて限定された場面であると考えられますが、債務者が免責を主張すること自体を回避するために、免責の抗弁を排除しておくことが考えられます（免責の抗弁を留保する文言になっていなければ、排除されていると見る余地があるのは前記の軽微性の抗弁と同様です。）。

1－⑤　危険負担

> 旧 （引渡完了前の滅失・毀損）
> 第○条　本契約成立後本物件引渡しまでの間に、本物件の一部又は全部が売主又は買主の責めに帰すことのできない事由により滅失又は毀損したときは、買主は売買代金の全部又は一部の支払を免れるものとする。
>
>
>
> 新 （引渡完了前の滅失・毀損）
> 第○条　本契約成立後本物件引渡しまでの間に、本物件の一部又は全部が売主又は買主の責めに帰すことのできない事由により滅失又は毀損したときは、買主は売買代金の全部又は一部の支払を拒絶することができ、本契約の全部を解除できるものとする。

＜条項例のポイント＞

　上記条項例新では、引渡し前に目的不動産の滅失又は毀損が生じた場合について、改正前民法における反対給付請求権の消滅という危険負担の効果を、履行拒絶権に修正し、さらに契約の目的物の一部の滅失又は毀損であっても買主が契約全体を解除することができる旨を規定しています。

＜実務上のアドバイス＞

　改正前民法では、危険負担について債権者主義が原則とされていたことから、これを排除する目的で、上記条項例旧のように債務者主義を定める条項を置くことには積極的な意味がありました。

　これに対し、改正法では、債権者主義が廃止され、債務者主義が原則とされましたので（改正法536①）、債務者主義の条項そのものは、確認的な意味を持つにとどまります。

　もっとも、改正前民法では、履行不能となった請求権（不動産引渡請求権）の反対給付請求権が消滅することが危険負担の債務者主義の効果とされていましたが、改正法では、反対給付請求権の履行拒絶権を認めるものに変わっていますので、効果を記載する部分は改める必要があります。「～の危険は債務者の負担とする。」という条項例も一般的であり、この場合は特に文言を変更せずに維持してよいと思われますが、同じ文言でも内容（効果）は異なっていることに一応注意が必要です。

　改正法の下では、買主は危険負担制度により代金債務の履行を拒絶できるとしても、確定的に債務を免れるには売買契約を解除する必要があります。改正法では、履行不能を原因とする解除に債務者の帰責性を要求しませんので、双方に帰責事由がない場合でも、買主は契約を解除して反対債務を免れることができます。もっとも、債務の一部の履行が不能である場合は、残存する部分のみでは契約をした目的を達することができないときに限って契約を解除できることとされていますので（無催告解除の場合）（改正法542①三）、残部での目的達成可能性の議論を回避したい場合には、上記条項例新のように、無条件で全部の解除ができることを規定しておくことが考えられます。

1－6　手　付

> 旧 （手付及び手付解除）
> 第○条　買主は、本契約締結と同時に表記手付金を売主に支払う。手付金は、残代金支払のときに売買代金の一部に充当する。
> 2　手付金には利息を付さない。
> 3　売主及び買主は、相手方が契約の履行に着手するまで、本契約を解除することができる。
> 4　売主は、前項によって契約を解除する場合には、受領した手付金を買主に返還するとともに、それと同額の金員を支払わなければならない。買主が前項によって契約を解除する場合には、売主に支払った手付金を放棄しなければならない。
>
>
>
> 新 （手付及び手付解除）
> 第○条　①～3　〔省略〕
> 4　売主は、前項によって契約を解除する場合には、受領した手付金の倍額の金員を現実に提供しなければならない。買主が前項によって契約を解除する場合には、売主に支払った手付金を放棄しなければならない。

＜条項例のポイント＞

　改正法557条は、手付解除を望む当事者の「相手方」が履行に着手した場合にはもはや解除できなくなることを文言上明らかにしましたが、多くの契約書では、「相手方」の履行の着手を明示する条項となっており、特段の修正は必要ないものと思われます。

　また、同条1項は、手付解除には手付の倍額の口頭の提供でなく、現実の提供まで必要であるという判例法理（最判昭52・12・20判時843・46）についても明文化していますので、上記条項例新のとおり文言を改めることも考えられますが、解釈運用が変わるものではありません。

＜実務上のアドバイス＞

　現実の提供という概念は必ずしも一般にわかりやすいものではありませんので、手付金又はその倍額を支払うことを要求する従来の条項を維持した上で、現実の提供にもかかわらず相手方が受領しなかった場合の処理を改正法557条1項に委ねる考え方もあり得るところです。

2　土地建物売買契約書(賃貸物件の場合)

2－1　賃貸人の地位の承継

 （賃貸人の地位の承継）

第○条　売主及び買主は、本契約締結日現在、本物件につき売主と賃借人○
　○との間にて別添〔省略〕のとおり建物賃貸借契約が締結されていること
　を確認した。
2　買主は、本物件の所有権移転と同時に前項の建物賃貸借契約において、
　売主が有する貸主としての権利義務の一切を承継する。
3　売主、買主は協力して○年○月○日までに賃貸人の変更を賃借人に通知
　するものとする。
4　第2項に基づき買主が賃借人○○に対する敷金返還債務を承継するため、
　売主は買主に対し、残代金支払時に、敷金分として金○円を支払うものと
　する。

＜条項例のポイント＞

改正前民法下で採用されている条項を変更する必要はありません。

＜実務上のアドバイス＞

改正法605条の2第1項は、対抗要件を備えた賃借人がいる不動産が譲渡された場合には、賃貸人の地位は当然に買主に移転する旨定めていますが、これは判例法理（大判大10・5・30民録27・1013）を明文化したものであり、改正前民法下の実務と変わるところはありません。

また、改正法605条の2第4項は、賃貸人の地位が移転するとき、敷金返還債務と必要費・有益費の償還債務が新賃貸人に承継されることを定めていますが、これも改正前民法下の実務を変更するものではありません。

いずれにせよ、改正法を受けて変更を要する点はありませんが、判例（最判昭44・7・17判時569・39ほか）によれば、旧賃貸人に対する未払賃料を充当した残額を敷金返還債務として新賃貸人が承継することとされていますので、これに従うか、未払賃料があることを売買代金に織り込んで未充当の敷金返還債務を引き継ぐかは事案により検討する必要があります。

　また、改正法605条の3は、対抗要件を備えていない賃借人がいる不動産を譲渡する場合に、売主と買主の合意で、賃借人の承諾を得ず賃貸人の地位を買主に承継させることができる旨定めていますが、これも判例（最判昭46・4・23判時634・35）を明文化したものであり、従来のルールを変えるものではなく、条項としても、対抗力ある賃借人がいる場合のものを使用して差し支えありません。

2−② 賃貸人の地位の留保

> **新** （賃貸人の地位の留保）
>
> 第○条　売主及び買主は、本物件の所有権が買主に移転した後も、本物件を目的とする賃貸借契約（別紙〔省略〕）に基づく賃貸人の地位を売主に留保する。
>
> 2　買主は、本物件の所有権取得と同時に、売主に対し、買主と売主との間で別に締結する賃貸借契約に従い本物件を賃貸する。

＜条項例のポイント＞

上記条項例は、対抗力ある賃借人のいる不動産を譲渡する際、賃貸人の地位を売主に留保する場合の条項です。改正法605条の2第2項前段は、①買主と売主が賃貸人の地位を売主に留保する旨及び②買主が売主に対し当該不動産を賃貸する旨の合意をしたときは、賃貸人の地位を売主に留保することを認めています。

＜実務上のアドバイス＞

対抗力ある賃借人のいる不動産を譲渡しつつ、賃貸人の地位を譲渡人に留保する方法について、改正前民法には規定がありませんでした。賃貸人が不動産を譲渡して、譲受人から不動産を賃借し、賃借人に使用収益を継続させるという形で、収益物件のサブリース化を実現する場合、実務上は、賃借人から、転貸借に転換することの承諾書を取得する例が存在しました。

改正法では、賃借人の承諾を得ずにサブリース関係を成立させることができることとなりましたが、一旦地位を留保した後、譲渡人が賃貸借から離脱した場合には、賃貸借関係は譲受人と賃借人との間に形成され、敷金返還債務等も譲受人が承継します（改正法605の2②後段）。改正前民法下における上記の承諾方式では、必ずしも賃借人の保護が十分ではなく、譲渡人が破綻し、賃借人が明渡しを求められたり、敷金返還請求権が回収不能になったりするケースも存在しました。

3　動産売買契約書

3-1　種類物売買と追完請求権

① 買主に有利な条項

新 （契約不適合責任）

第〇条　売主は、本商品の品質・性能不良、数量不足、梱包不良等一切の契約不適合につき本商品の引渡完了後1年間その担保の責に任ずるものとし、買主は売主に対して、何らの催告をすることなく、買主の任意の選択により本商品の売買契約の解除、代金の減額、代替品の納入又は当該契約不適合の修補を請求することができる。

2　前項によって買主が代替品の納入又は当該契約不適合の修補を請求したときは、売主は、買主の負担の程度にかかわらず、これに従うものとし、買主が請求した方法と異なる方法による追完をすることはできない。

3　買主は、売主に対し、第1項に基づいて解除をし、若しくは代金の減額、代替品の納入若しくは当該契約不適合の修補の請求をするとともに、又は解除権の行使若しくはこれらの請求をすることなく、当該契約不適合によって生じた買主の損害の賠償を請求することができる。

4　売主は、自らの責めに帰すべき事由がないこと、当該契約不適合が買主の責めに帰すべき事由に基づくものであること、又は当該契約不適合が軽微なものであることを理由として、本条の契約不適合責任を免れることはできない。

＜条項例のポイント＞

　上記条項例は、改正法では売主は種類物売買についても契約不適合責任を負うことを前提に、改正法の原則を買主有利に修正するものです。

　改正法上、代金減額請求を行うには、原則として、追完の催告をしても追完がなされなかったことが必要です（改正法563①）。契約不適合を原因とする解除も債務不履行解除一般の処理に従うため、催告解除が原則です（改正法541）。

　そこで、上記条項例では、代金減額及び解除を他の追完方法と並列した上で、何らの催告を要しないこととしています（上記条項例第1項）。

　また、改正法562条1項ただし書は、買主に不相当な負担を課するものでないときは、

売主は買主が請求した方法と異なる方法による履行の追完ができることを定めていますが、上記条項例では、ただし書の内容を留保しないことで、買主は常に自ら選択した方法による追完が受けられることとしています（上記条項例第2項）。

　さらに、契約不適合を理由とする損害賠償と解除について、債務不履行の一般ルールが適用される結果、損害賠償請求に対して売主が免責事由（改正法415①ただし書）を主張する可能性があり、解除に対しては軽微性の抗弁（改正法541ただし書）を主張する可能性があります。また、契約不適合が買主の責めに帰すべき事由によるものであるときは、追完請求及び代金減額請求が制限されます（改正法562②・563③）。

　そこで、上記条項例では、売主がこれらの事由を主張することをあらかじめ封じています（上記条項例第4項）。

　上記条項例第3項は、損害賠償請求の要件を明確にするものです。改正法上、追完に代わる損害賠償請求（代替品の納入を求めるのではなく自ら調達して増加費用を請求する場合や、自ら修補して修補費用相当額を求める場合）をするための要件については議論のあるところであり、追完請求権を一旦行使して拒絶されることが必要であるとする見解や、解除権が発生していることが必要であるという見解もあります。そこで、追完請求権や解除権の行使の有無を問わず直ちに損害賠償請求ができることを明示しています。

＜実務上のアドバイス＞

　種類物売買において債務者が瑕疵のある目的物を引き渡した場合など、一応給付があったといえるもののそれが不完全である場合に、債権者に修補や代替物の給付を求める追完請求権が認められることは、改正以前から争いのないところでしたが、改正前民法には特段の規定がなく、簡易な売買契約書であれば特段の条項が置かれないことが珍しくありませんでした。

　改正法は、特定物は引渡しをすべき時の現状でこれを引き渡せば足り、仮に引き渡した目的物に瑕疵があっても債務不履行とはならないという特定物ドグマを否定し、種類物売買にも適用されるルールとして契約不適合責任の規定（改正法562）を設けていますので、売買契約書では、改正法562条を前提に、買主がとり得る手段、売主の追完方法の選択権、担保責任の期間制限等について、事案に応じた修正を試みる必要があります。

　また、瑕疵担保責任に基づく損害賠償及び解除が債務不履行の規律に従うこととなったため、改正法の原則をそのまま採用することにより、買主の権利が思わぬ形で制限されることのないよう、慎重な検討が必要です。

②　売主に有利な条項

新 （契約不適合責任）

第○条　目的物の種類、品質又は数量が本契約の内容に適合しないとき（以下「契約不適合」という。）は、買主は、引渡しから6か月以内にその旨を通知したときに限り、売主に対し、追完を求めることができるものとする。

2　前項の場合において、売主はその選択により、不足分若しくは代品の提供又は修補を行うものとし、買主は売主の選択した追完方法を受け入れるものとする。

3　買主は、契約不適合を理由として、代金減額請求又は損害賠償請求を行うことはできないものとする。

4　買主は、売主が第2項の追完を行わないときは、相当期間を定めて履行を催告した上で、本契約を解除することができる。ただし、催告期間の経過時において、追完の不履行が軽微であるときはこの限りではない。

5　契約不適合が買主の責めに帰すべき事由によるものであるときは、買主は追完を求めることはできない。

＜条項例のポイント＞

　上記条項例は、改正法では売主は種類物売買についても契約不適合責任を負うことを前提に、改正法562条ないし564条を修正するものです。

　上記条項例では、追完の方法について、売主に選択権を与え、しかも、買主の代金減額請求や損害賠償請求を封じています。

　また、解除については、改正法541条と同じ内容を規定し、売主に追完の機会を与え、軽微な不履行により契約が解除されてしまうことを回避しています。

＜実務上のアドバイス＞

　前記のとおり、契約不適合責任に関する条項を定める際は、契約の実態に合わせて改正法の原則を修正することを検討します。

　例えば、非個性的な大量生産品を目的とした売買の場合には、売主の立場では、修補コストと代品提供コストを比較して常に有利な方法を選択できるようにしておくことが考えられます。

　また、契約不適合責任の内容を追完にとどめ、代金減額を認めないことで、売主としては取得する代金の減少を避けることができます。

　売主の属性によってもとるべき戦略は異なり、例えば、生産能力や在庫を持たない商社が売主の場合は、修補や代品提供での追完は難しいことがありますので、上記条項例とは逆に、代金減額又は損害賠償による処理に絞った条項にすることが考えられます。

3−2　損害賠償

> **旧**（損害賠償）
> 第○条　売主又は買主が、<u>故意又は過失により</u>、本契約条項に違反し、相手方に損害を与えたときは、その一切の損害を賠償するものとする。

> **新**（損害賠償）
> 第○条　売主又は買主が、<u>その債務の本旨に従った履行をしないことその他</u>本契約条項に違反したことにより、相手方に損害を与えたときは、<u>その一切の損害（通常損害に加え、違反当事者が予見すべきであった特別事情に基づく損害を含む。）</u>を賠償するものとする。<u>違反当事者は自らの責めに帰することができない事由があることを理由として、損害賠償責任を免れることはできないものとする。</u>

＜条項例のポイント＞

　改正法415条は、債務不履行による損害賠償の根拠を契約の拘束力に求め、債務者に故意・過失があるかどうかを問わず、契約を履行できなかった以上は損害賠償請求権が発生するという考え方を採用しています（過失責任原則の否定）。そこで、上記条項例**新**では、「故意又は過失により」という文言を削除した上で、債務の本旨に従った履行をしないことを契約違反の一態様として示しています。

　また、改正法415条ただし書は、当該債務不履行が債務者の責めに帰することができない事由によるものである場合には免責されることを規定していますので、上記条項例**新**では、免責の抗弁をあらかじめ排除しています。

　通常損害に加え、特別事情に基づく損害も賠償の範囲に含まれ得るのは改正前民法と同じですが、改正法416条では、特別事情の認識について、「予見し、又は予見することができたとき」という文言を「予見すべきであったとき」に改めています。上記条項例**新**は、損害の範囲について確認的に改正法の内容を規定しています。

＜実務上のアドバイス＞

　改正法の下で損害賠償に関する条項を検討する際には、相手方の免責の抗弁を排除するか否かが一つのポイントになります。債務の履行を怠っておきながら、責めに帰

することができない事由を観念するのは容易ではなく、免責の可能性は決して高いとはいえませんが、相手方に争われるリスクを回避したい場合には、あらかじめ抗弁を排除しておくことが考えられます。

　また、損害の範囲について通常損害に限定するなどの責任限定条項を置くことができるのは改正前民法における実務と同様です。

　特別損害も賠償の範囲に含める場合は、特別事情について、相手方が予見すべきであったことが明らかにできるよう、契約の目的や背景を契約書に規定し、相手方に対する説明や情報提供を適時に行うなどの工夫が考えられるところです。

3−③　解　除

旧 （解除）

第○条　売主又は買主は、相手方に債務不履行のあったときは、相当期間を定めて相手方に書面で通知することにより、本契約を解除することができる。

新 （解除）

第○条　売主又は買主は、相手方に債務不履行のあったときは、自らの責めに帰すべき事由の有無を問わず、相当期間を定めて相手方に書面で通知することにより、本契約を解除することができる。相手方は、不履行の内容が軽微なものであることを理由として解除の効力を争うことができないものとする。

＜条項例のポイント＞

　上記条項例新では、催告解除に対する軽微性の抗弁（改正法541ただし書）をあらかじめ排除し、また、「自らの責めに帰すべき事由の有無を問わず」と定めることで、改正法543条の適用を排除しています。

＜実務上のアドバイス＞

　改正法は債務不履行解除を、債務者の責任を追及する手段ではなく、債権者を契約の拘束力から解放する手段と捉え、解除に債務者の帰責事由を要求していた改正前民法から考え方を大きく転換しています。

　改正法の下では、催告解除の場合、債務を履行しなかった債務者が解除を争うには、不履行が軽微であることを主張するか、債権者の責めに帰すべき事由によるものであることを主張する必要があります。

　軽微性の判断は、不履行の態様の軽微性及び違反された義務の軽微性を考慮して行われると考えられていますが、明確な判断基準が示されているものではなく、解除の予測可能性が低くなるおそれがあります。この点の手当としては、軽微性の抗弁をあらかじめ排除してしまうか、当該契約における義務のうち本質的な部分については軽微な違反があり得ないことを定めておくといった対応が考えられます。

　また、改正法では、債権者（解除権者）に帰責性があるときには解除ができないこととされていますが、債権者に軽微な帰責性しかない場合や、双方に帰責性がある場合など、債権者を契約の拘束力から解放すべき場面があり得ますので、あらかじめ債権者の帰責性を問わずに解除できることや、債権者の帰責性の程度によって解除の可否を決することを定めておくことが考えられます。

3－4　受領遅滞

> **維持**　（受領遅滞）
>
> 第○条　買主が目的物の受領を拒絶し、又は受領することができない場合（受領遅滞）は、売主は、履行の提供をした後は、自己の財産に対するのと同一の注意をもって目的物を保存すれば足りるものとする。
>
> 2　受領遅滞により、売主の目的物引渡義務の履行につき増加費用が発生したときは、増加額は買主の負担とする。
>
> 3　受領遅滞中に当事者双方の責めに帰することができない事由により、目的物が滅失し、又は毀損した場合は、その危険は買主が負担するものとし、買主は、その滅失又は毀損を原因として、追完請求、代金減額請求、損害賠償請求及び契約の解除を主張することができないものとする。
>
> 4　受領遅滞がある場合、売主は、買主に相当期間を定めて目的物の受領を催告した上で、本契約を解除することができるものとする。

＜条項例のポイント＞

　上記条項例第1項ないし第3項は、改正法413条、413条の2及び567条により明らかにされた受領遅滞の効果を条項化するものです。

　改正法は、買主の受領義務の存否について明らかにしておらず、受領遅滞が受領義務違反を構成し、損害賠償や解除の原因となるか否かは改正法の下でも解釈に委ねられています。上記条項例第4項は、受領遅滞がある場合、売主に解除を認め、目的物を他に売却する機会の確保を図るものです。

　いずれにせよ、改正前民法下でも存在し得る規定であり、改正法による新しい条項というわけではありません。

＜実務上のアドバイス＞

　受領遅滞については、改正法は、改正前民法でも解釈にほぼ争いのない効果を明文化するにとどまっており、実務的にあまり大きな影響はありません。

　改正法で明文化されなかった効果（解除、損害賠償請求その他）を求める場合には、改正前民法における契約実務同様、格別の規定を置く必要があります。

　また、種類物売買の場合は、受領遅滞に関する条項が適用される場面か否かを適切に判断する必要があることに注意が必要です。

　受領遅滞の効果が生じるには、債務の本旨に従った履行の提供をする必要があるところ、種類物売買の場合、売主が契約の内容に適合しない目的物を選定しても「特定」（改正法401②）の効力が生じず、これを提供しても履行の提供とは認められないためです。受領遅滞をめぐってトラブルが生じないようにするためには、検収制度、検査基準、検査不合格時の処理などを適切に定めておくことが重要です。

4　取引基本契約書

4－1　契約の目的

旧（基本原則）

第○条　売主及び買主は、本契約に基づく各取引を相互利益尊重の理念に基づき、信義誠実の原則に従って行うものとする。

新（契約の目的）

第○条　売主及び買主は、買主が製造する住宅内装用塗料の材料として、売主が製造する添加剤を継続的に調達することを目的として本契約を締結する。

＜条項例のポイント＞

　上記条項例新では、契約適合性の判断材料とすることを意識して、売買の目的物の用途を明示しています。

＜実務上のアドバイス＞

　取引基本契約では、前文や冒頭の条項で、契約に臨む当事者の基本姿勢や理念について言及されていることが少なくありませんが、契約解釈の抽象的な指針という位置付けにとどまっていることが一般的です。改正法では、瑕疵概念に代わり「契約の内容に適合しない」という文言が採用されていますので、契約不適合の判断においては当事者間の合意内容の確定がより重視される可能性があります。特に、目的物が汎用品であり、売主が買主の用途を正確に把握していない場合には、契約適合性をめぐって紛争が生じるおそれがあります。そのような事態を回避する一つの方法として、契約の目的を明文化し、当事者が共通の認識を持っておくことが考えられます。

4－2 検収及び追完

① 売主が追完方法を任意に選択できる条項

> 旧 （検収及び追完）
>
> 第○条 買主は、商品の引渡しを受けた後、速やかに買主と売主で別途協議した方法により、商品の受入検査を実施し、合格したもののみ受け入れる（以下「検収」という。）ものとする。
>
> 2 買主は、受入検査の結果、不合格と判定したときは、商品受領後7日以内に売主に対し、書面をもって通知する。
>
> 3 引渡し後7日を経過しても買主から書面による通知がない場合には、売主は、当該商品は受入検査に合格したものとみなすことができる。
>
> 4 第2項の通知を受けたときは、売主は、速やかにその選択により、代替品の引渡し、不足分の引渡し又は修補を行うものとする。
>
> 5 〔省略〕

> 新 （検収及び追完）
>
> 第○条 買主は、商品の引渡しを受けた後、速やかに買主と売主で別途協議した方法により、商品の受入検査を実施し、合格したもののみ受け入れる（以下「検収」という。）ものとする。
>
> 2 買主は、受入検査の結果、<u>商品の品質又は数量が契約の内容に適合しないこと（以下「契約不適合」という。）</u>を発見したときは、商品受領後7日以内に売主に対し、書面をもって通知する。
>
> 3 引渡し後7日を経過しても買主から書面による通知がない場合には、売主は、当該商品は受入検査に合格したものとみなすことができる。
>
> 4 第2項の通知を受けたときは、売主は、速やかにその選択により、代替品の引渡し、不足分の引渡し又は修補を行うものとする。
>
> 5 〔省略〕

＜条項例のポイント＞

取引基本契約では、商品受入れ時の検査に関する条項が置かれることが一般的です。引き渡された商品の品質や数量が事前に取り決めた検査基準や仕様などを満たすもの

だけを受け入れること（検収）を定める条項、検収による所有権や危険負担の移転を規定する条項、不合格となった場合の対応について定める条項などが置かれます。上記条項例[新]では、改正法562条を前提に、契約の内容に適合しない給付が不合格となることを明らかにした上で、不適合がある場合の対応について定めています。

　また、上記条項例[新]では、追完方法の選択についての改正法562条1項ただし書のルールを修正し、売主に選択権を与えるもので、売主に有利な修正といえます。

＜実務上のアドバイス＞
　改正前民法においても、不完全な履行を受けた買主は売主に対して追完を求めることができると考えられていましたが、追完方法やその選択については特段のルールが定められていませんでした。

　一方、改正法562条は、契約不適合がある場合、買主は追完請求として代替物の引渡し、不足分の引渡し又は修補を求めることができ、売主は、買主に不相当な負担を課するものでないときは、買主が請求する方法と異なる方法による追完ができることを定めています。同条は、追完請求権の存在を確認するとともに、買主の追完請求権に一定の制約を課したものと考えられています。

　検収制度を、まさに不完全履行を検出し、追完を求める制度と位置付けると、改正法562条がデフォルトルールとして適用されますので、売買当事者としては、同条をベースに、自身に有利な修正を検討することになります。

② 　追完の催告なしで代金減額請求を認める条項

旧 （検収及び追完）

第○条　〔前記条項例①旧と同じ〕

新 （検収及び追完）

第○条　買主は、商品の引渡しを受けた後、速やかに買主と売主で別途協議した方法により、商品の受入検査を実施し、合格したもののみを受け入れる（以下「検収」という。）ものとする。

2 　買主は、受入検査の結果、商品の品質又は数量が契約の内容に適合しないこと（以下「契約不適合」という。）を発見したときは、売主に対し、商品受領後7日以内に書面をもって通知するものとする。

3 　前項の場合、買主は、修補、代替品の引渡し又は不足分の引渡し（以下「追完」という。）を求めることができ、売主は買主の求める追完に応じるものとする。

4 　買主は、前項の追完に代えて又は追完とともに、不適合のある商品を受け入れた上で、（追完がなされた場合は追完後の）不適合の程度に応じた代金の減額を求めることができるものとする。

5 　〔省略〕

＜条項例のポイント＞

　前記条項例①新に続き、検収に関する条項例です。

　条項例①新とは異なり、買主に追完方法の選択権があり（第3項）、改正法562条1項ただし書による、「買主に不相当な負担を課するものでないとき」に買主が請求した方法と異なる方法による追完を行うオプションも排除しています。

　また、第4項は、代金減額請求について、改正法563条1項による原則を修正し、催告を不要としています。

＜実務上のアドバイス＞

　契約不適合がある場合、買主は追完請求として代替品の引渡し、不足分の引渡し又は修補を求めることができ、売主は、買主に不相当な負担を課するものでないときは、

買主が請求する方法と異なる方法による追完ができます。

　買主の立場では、上記条項例<u>新</u>のように常に希望した追完が受けられるようにしておくことが考えられます。

　また、改正法では、代金減額を求める場合は、原則として追完を催告することが必要ですが、任意規定であり、契約により修正することができます。

　上記条項例<u>新</u>は、追完の催告と代金減額の先後関係をなくし、不適合のある商品の一部について修補を受けつつ、残部を受け入れて代金減額で調整する（いわゆる値引き採用）など、柔軟な処理を行えるようにする例です。

　実務上は、取引の内容や実情に応じて、適切かつ公平な処理を迅速に実現できる条項を定めることが重要です。

4－③　契約不適合責任（瑕疵担保責任）

旧　（瑕疵担保責任）

第〇条　買主は、目的物の引渡しを受けた後、目的物に隠れた瑕疵があることを発見したときは、直ちに売主に通知するものとする。

2　買主への目的物の引渡し後1年以内に目的物に瑕疵が発見された場合、売主は買主の指示に従い、代替品の納入、無償修理、買主による修理費用の負担、若しくは代金の減額に応じ、又はこれらに代え、あるいはこれらとともに当該瑕疵により買主が被った損害を買主に賠償する。

3　前項の期間経過後に目的物に瑕疵が発見された場合であっても、当該瑕疵が売主の責めに帰すべき事由により生じたものである場合は前項と同様とする。

新　（契約不適合責任）

第〇条　買主は、目的物の引渡しを受けた後、目的物につき、種類、品質又は数量に関して、直ちには発見できない契約の内容への不適合（以下「契約不適合」という。）があることを発見したときは、直ちに売主に通知するものとする。

2　買主への目的物の引渡し後1年以内に契約不適合が発見された場合、売主は買主の指示に従い、代替品の納入、無償修理、買主による修理費用の負担、若しくは代金の減額に応じ、又はこれらに代え、あるいはこれらとともに当該契約不適合により買主が被った損害を買主に賠償する。売主は、売主の責めに帰することのできない事由によるものであることを理由に契約不適合責任を免れることはできないものとする。

3　前項の場合において、買主は、何らの通知催告を要せず、本契約及び個別契約の全部又は一部を直ちに解除することができる。

4　第2項の期間経過後に目的物に契約不適合が発見された場合であっても、当該契約不適合が売主の責めに帰すべき事由により生じたものである場合は前2項と同様とする。

＜条項例のポイント＞

　上記条項例新では、「瑕疵」の文言を「契約不適合」に改めるとともに、第2項後段において、売主は、売主の責めに帰することのできない事由によるものであることを主張して契約不適合責任を免れられない旨の規定を追加しています。改正前民法では瑕疵担保責任は無過失責任とされていたのに対し、改正法では、契約不適合を原因とする損害賠償に改正法415条が適用される結果、売主が免責事由を主張して賠償責任を争う可能性があるため、そのような抗弁を排除することを定めたものです。代替品の納入や代金減額など、契約不適合責任の他のメニューについては、もとより売主は帰責性がないことを主張して責任を免れることはできませんが、条項の読みやすさの観点から、ここでは損害賠償だけを取り上げることはせず、契約不適合責任全般について規定しています。

　また、改正法541条の下では、契約不適合を理由とする解除についても、債務不履行解除の一般規定が適用される結果、原則として追完を催告してからでなくては解除できず、契約不適合が軽微であるときには解除が認められません。無催告解除（改正法542）についても、要件や解除の範囲を吟味する必要があり、買主による解除の自由度や予測可能性は低くなります。そこで、上記条項例新では、第3項において、契約不適合を理由とする買主の無催告解除権を規定しています。

＜実務上のアドバイス＞

　改正商法526条は、買主に、目的物の受領時の検査義務を負わせ、契約不適合を発見したときには、「直ちに」売主に通知することを要求し、直ちに発見することのできない契約不適合を受領時から6か月以内に発見したときも、直ちに売主に通知しなければ、契約不適合責任の追及ができなくなるというルールを定めています。

　改正法が契約不適合概念を採用したことに合わせて、商法526条も、「瑕疵」の文言を契約不適合に改める改正が行われていますが、買主が負う検査・通知義務の内容には変更がありません。

　売買取引基本契約では、改正前商法526条を前提に、直ちに発見できない瑕疵が見つかった場合の対応について定める条項を置き、同条の原則を修正することが一般的でしたが、改正商法の下でも同様の規定を置く必要性が認められます。

　改正商法526条を修正するポイントとしては、①受領時の検査義務の有無（検査の不実施、遅滞がその後の権利行使に影響するか）、②担保責任の期間（6か月を伸ばすか縮めるか）、③契約不適合の発見時の通知のタイミング（「直ちに」を維持するか）、④

通知の方法（書面によることや証拠の提示を要求するか）⑤通知の内容（瑕疵の種類及び大体の範囲を明らかにすれば足りるとするのが実務上の解釈ですが、さらに詳細な通知を要求するか）、⑥通知義務の適用除外（改正商法526条3項は、契約不適合に関する売主悪意の場合を規定していますが、売主に帰責性ある場合などに広げるか）などが挙げられます。なお、⑥に関して、改正法との関係では、売主が契約不適合を知り、又は重大な過失によって知らなかったことが通知懈怠による失権効の例外とされていますので（改正法566ただし書）、これを取り込んだ規定とすることも考えられます。

4−4　所有権の移転及び危険負担

旧（所有権及び危険負担）

第○条　売主が納入した商品の所有権は、売主が買主から当該商品の売買代金の支払を受けた時（手形・小切手・電子債権による支払の場合は、当該手形・小切手・電子債権が支払期日に決済された時）に、売主から買主へと移転する。

　　ただし、買主は、期限の利益喪失事由、解除事由その他本契約を継続することが困難と認められる事由に該当するまでは、通常の営業の範囲内で、第三者に商品を売り渡すことができる。

2　危険負担は、第○条に基づき売主から買主に商品が引き渡された時に移転するものとし、引渡し後に生じた商品の滅失、損傷等の損害は売主の責めに帰すべきものを除き、買主の負担とする。

新（所有権及び危険負担）

第○条　売主が納入した商品の所有権は、売主が買主から当該商品の売買代金の支払を受けた時（手形・小切手・電子債権による支払の場合は、当該手形・小切手・電子債権が支払期日に決済された時）に、売主から買主へと移転する。

　　ただし、買主は、期限の利益喪失事由、解除事由その他本契約を継続することが困難と認められる事由に該当するまでは、通常の営業の範囲内で、第三者に商品を売り渡すことができる。

2　危険負担は、第○条に基づき売主から買主に商品が引き渡された時に移転するものとし、引渡し後に商品の滅失又は損傷が生じたときは、買主は、その滅失又は損傷を理由として、履行の追完請求、代金減額請求、損害賠償請求及び契約解除をすることができないものとする。この場合において、買主は、代金の支払を拒むことができないものとする。

＜条項例のポイント＞

　　上記条項例新は、改正法536条を前提に、危険負担の内容を具体的に規定した例です。

＜実務上のアドバイス＞

　改正前民法では、危険負担について債権者主義が原則とされていたことから、これを排除する目的で、上記条項例旧のように債務者主義を定める条項を置くことには積極的な意味がありました。

　これに対し、改正法では、債権者主義が廃止され、債務者主義が原則とされましたので（改正法536①）、債務者主義の条項そのものは、確認的な意味を持つにとどまります。

　もっとも、改正前民法では、履行不能となった請求権（目的物引渡請求権）の反対給付請求権が消滅することが危険負担の債務者主義の効果とされていましたが、改正法では、反対給付請求権の履行拒絶権を認めるものに変わっていますので、効果を記載する部分は改める必要があります。改正前民法下では、「～の危険は債務者の負担とする。」という条項例も一般的であり、この条項例を維持する場合も、内容（効果）としては、改正法に従って解釈されるものと考えられますが、当事者の共通理解のためにも、改正法に則した表現にしておくことが適切です。

　その他、危険負担については、**本章第2・1─⑤**の＜実務上のアドバイス＞も参照してください。

4−5　受領遅滞

維持　（受領遅滞）

第○条　売主が個別契約で定める納入日に契約の内容に適合した商品を提供したにもかかわらず、買主がこれを引き取らないときは、売主は、通知、催告その他何らの手続を要せず、任意に商品を売却することができ、当該売却代金から売却に要した費用を差し引いた残額をもって、買主の売主に対する債務の弁済に充当できるものとする。充当の結果、不足金があるときは、買主は、売主の請求があり次第支払に応じるものとする。

2　前項の場合、売主は、何らの通知、催告を要せず、個別契約を解除するとともに、買主に対し、損害賠償請求をすることができる。

＜条項例のポイント＞

　上記条項例は、受領遅滞がある場合に、売主が買主以外の者に任意に目的物を売却し、債権回収を図ることを認めるとともに、解除及び損害賠償請求を認める例です。

＜実務上のアドバイス＞

　本章第2・3−④のとおり、改正法は、改正前民法の解釈として争いのない部分を受領遅滞の効果として明文化しましたが、受領義務の存否や受領義務に違反したときの効果については、解釈に委ねられる部分が残っています。上記条項例は、改正法による新しい規定ではありませんが、改正法下でもなお特別の定めが必要であるという意味で紹介します。なお、目的物が種類物である場合、契約の内容に適合しない限りは特定の効果が生じず、受領遅滞に関する条項が適用されないのは本章第2・3−④のとおりです。

4－6　権利義務の譲渡制限

> **維持**　（契約上の地位及び権利義務の譲渡禁止）
>
> 第〇条　売主又は買主は、相手方の書面による事前の承諾がない限り、本契約若しくは個別契約により生じた契約上の地位を移転し、又は本契約若しくは個別契約により生じた自己の権利義務の全部若しくは一部を、第三者に譲渡し、若しくは第三者の担保に供してはならない。

＜条項例のポイント＞

　相手方当事者の同意を得ずにする契約上の地位の移転及び契約から生じる権利義務の譲渡・担保提供を禁じる旨の条項です。

＜実務上のアドバイス＞

　取引基本契約では、弁済事務の便宜や相殺可能性の確保の観点から債権者を固定する目的で、上記条項例のような譲渡禁止条項が設けられることが一般的です。改正前民法の下では、譲渡禁止特約に違反した債権譲渡は物権的に無効とされていましたが、改正法では譲渡禁止特約を譲渡制限特約と改め、譲渡制限特約に違反した債権譲渡も有効であり、権利は譲渡人から譲受人に移転するものの、一定の場合には債務者は譲渡人に弁済すれば足りることとして、債権の自由譲渡性と債務者の債権者固定の利益のバランスをとることとしています（改正法466）。

　もっとも、関知しないうちに債権者の変更等がなされることを回避したいという要請は今後も変わりませんので、債権譲渡の有効性の問題はさておき、上記条項例を維持することが考えられます。なお、改正法は、債権譲渡自体を禁止する場合と譲渡は禁止しないが債権者固定の利益は確保する場合を含む概念として譲渡「制限」の語を用いていますが、取引基本契約では、債権譲渡をさせないための行動規範として定めるのが通常であること、契約上の地位の移転や、債務引受なども併せて禁止する内容であることから、今後も譲渡「禁止」の語を用いることが考えられます。

4−7　解　除

> **旧** （解　除）
>
> 第○条　売主又は買主は、相手方について、次の各号の一に該当する事由が生じた場合は、何らの催告なしに直ちに本契約及び個別契約の全部又は一部を解除することができる。
>
> ①　第三者から差押え・仮差押え・仮処分を受けたとき
>
> ②　破産手続開始、民事再生手続開始、会社更生手続開始、特別清算開始の申立てをし、又はこれらの申立てを受けたとき
>
> ③　解散決議のための手続を開始したとき
>
> ④　支払停止若しくは支払不能に陥ったとき又は手形交換所から不渡処分若しくは取引停止処分を受けたとき
>
> ⑤　所在が不明となったとき
>
> ⑥　本契約その他売主買主間で別途締結される契約等の条項の一に違反したとき（買主による受領拒絶・遅滞・不能は、契約等の条項違反とみなす。）
>
> ⑦　財産状態が著しく悪化し、又はそのおそれがあると認められる相当の事由があるとき
>
> ⑧　保証人が本条の各号の一に該当したとき
>
> ⑨　その他本契約の円滑な履行が困難になったとき又は信用不安が生じるなど債権保全を必要とする相当の事由が生じたとき

> **新** （解　除）
>
> 第○条　売主又は買主は、相手方について、次の各号の一に該当する事由が生じた場合は、<u>自らの帰責事由の存否にかかわらず、</u>何らの催告なしに直ちに本契約及び個別契約の全部又は一部を解除することができる。
>
> ①〜⑨　〔省略〕

＜条項例のポイント＞

　上記条項例新は、取引基本契約における一般的な解除条項をベースに、改正法543条への目配りとして、解除事由の発生について、解除権者に帰責性がある場合でも解除が妨げられない旨の修正を加えたものです。

＜実務上のアドバイス＞

　取引基本契約における解除条項は、基本契約の解除により継続的取引関係から離脱し、又は個別契約の解除により商品引渡債務の履行を免れるなど、契約当事者にとっては、与信管理を含めたリスク管理のために重要な役割を果たす規定です。

　解除条項を定める（見直す）際は、実際の取引内容や商流を前提に、発生し得る事故・事象が適切に解除事由として網羅されているか、適時の解除権の発生・行使を障害する事情がないかを確認することが重要です。

　改正法との関係では、まず、債務不履行解除について過失責任主義が廃止され、債務者の過失を問わず解除できるようになったのが理論的には大きな変更点です。上記条項例旧のように、もともと取引基本契約の解除条項では、相手方の過失に言及していないことが多いと思われますが、「相手方の故意又は過失により」解除事由に該当したときに解除できる形にしている場合には、当該文言を削除する必要があります。

　また、改正法543条は、債権者に帰責事由がある場合の解除を制限していますが、解除条項による約定解除においても同条の制限が及ぶとすると、解除に関する予測可能性が低下し、解除条項の使い勝手が悪くなるおそれがあります。この点の手当としては、解除権者の帰責事由を問わないことを明示しておくことが考えられます。

　さらに、改正法は、催告解除について軽微性の抗弁（改正法541条ただし書）を定め、無催告解除について目的達成不能の要件（改正法542①五）を要求する点において改正前民法の解除制度を変更しています。従来の約定解除条項は、軽微性や目的達成可能性に言及がなく、改正法の下でも法定解除よりも解除できる場合を広く定めていると解釈される余地も十分ありますが、念のため、軽微性を問わず解除できることを明示しておくことも考えられます。

　一方、できる限り契約関係が維持されることを望む当事者の立場であれば、付随義務の違反など、解除事由のうち一定の事項については、不履行の程度や軽微である場合には解除できないことや、契約の目的を達することができない場合に限り解除できることを明示しておくことが考えられます。

4-8　損害賠償
　損害賠償については、本章第2・3-2を参照してください。

5　贈与契約書

5−1　現状有姿による引渡し

> **維持**　（引渡し）
> 第〇条　贈与者は受贈者に対し、本件土地建物を、〇年〇月〇日までに、現
> 　状有姿のまま引き渡すものとする。

＜条項例のポイント＞

　不動産の贈与契約にみられる現状有姿での引渡しに関する条項は、改正法の下での贈与契約でも維持することが考えられます。

＜実務上のアドバイス＞

　改正前民法は、贈与の無償性から、贈与者の担保責任を軽減しており、贈与の目的である物又は権利の瑕疵又は不存在について、原則として担保責任を負わず、例外的に瑕疵又は不存在を知りながら告げなかったときにのみ責任を負うと定めていました（改正前民551①）。

　これに対し、改正法では、売買の担保責任の根拠を、債務者が契約の内容に適合する給付を行う義務を負っていることに求める契約責任説を採用したため、贈与契約についても、贈与者は契約の内容に適合する贈与を行う義務を負うのが一貫した整理です。

　そうすると、贈与者も契約不適合責任を負い得ることになりますが、贈与の無償性からすると、贈与者の給付義務は軽減されたものであることが通常です。そこで、改正法は、「特定した時の状態」で目的物を引き渡すという贈与者の意思を推定することで引渡義務のベースラインを定めました（改正法551①）。

　ここにいう「目的として特定した時」とは、特定物であれば贈与契約成立時、不特定物であれば、特定した時を指しますので、特定物について贈与契約が成立した後、引渡しの前に、目的物が滅失・毀損した場合には、改正法551条1項によっても贈与者が契約不適合責任を負い得る立場に置かれます。

　一方、従来の贈与契約書でも、特に不動産の贈与の場合は、現状有姿での引渡しを定めるケースがあります。この場合には、とにかく引渡し時の状態で引き渡せば足り

ると解釈するのが通常ですから、改正法551条1項の意思推定による場合よりも、贈与者の保護が厚いことになります。

　もちろん、現状有姿での引渡しを定めず、引渡し前の滅失等が生じてしまったケースでも、贈与の無償性に鑑み、当事者の合理的意思解釈として妥当な合意内容が探られることになると思われますが、贈与者の立場としては、従来の条項を維持しておくのが安全です。

第 3 章

消費貸借契約

第1 改正のあらまし

1 諾成的消費貸借契約

　民法は、消費貸借契約を要物契約としています（民587）。これは、ローマ法以来の沿革に基づくものです。したがって、例えば、金銭消費貸借契約の場合、貸主が金銭を借主に交付するまで、消費貸借契約は成立しないのが原則です。

　しかし、金融機関が事業者に金銭を貸し付けるに当たって、貸付けの枠や、貸付けを実行するための条件を定めた上で、借主が希望すれば、金融機関が一定の金銭の貸付けを実行するという融資契約が行われています。また、判例においても、いわゆる諾成的消費貸借契約の成立を認め、貸付実行前の貸主に金銭の給付義務が認められる場合があることが示されています（最判昭48・3・16金法683・25）。

　そこで、改正法では、書面でする消費貸借契約に限り、物の交付がなくても消費貸借契約が成立するものとしています（改正法587の2①）。一方、書面でない消費貸借契約は、要物契約であることを変更せず（民587）、口頭のみで目的物の交付がなければ消費貸借契約は成立しないものとされています。

　また、改正法では、「書面」でなくても、契約内容が電磁的記録によって記録されたときにも、書面によってなされたものとみなし、消費貸借契約が成立するものとされています（改正法587の2④）。

2 諾成的消費貸借契約の交付前の規定

　書面によって諾成的金銭消費貸借契約が締結された場合、貸付実行前において、貸主には、借主に対して、契約に従った金銭の交付義務（貸付義務）が発生することになります。

　一方、契約締結後金銭交付前に借主にとっての資金需要がなくなり、借入れの必要がなくなることがあり得ます。このようなときでも、借主が必ず金銭の交付を受けた上で返済しなければならないというのは必ずしも合理的ではありませんし、利息の支払義務があるときには、借主にとっては無用な利息を支払う必要が生じかねません。

　そこで、改正法では、借主は、諾成的消費貸借契約において、金銭その他の目的物の交付を受けるまでは、一方的に契約の解除をすることができるとされました（改正法587の2②前段）。

　一方で、貸主にとっては、借主への貸付義務を果たすために、コストをかけて金銭

を調達していたということもあるでしょうし、利息の支払義務がある場合には、返済を受けるまで利息の支払を受けることができたという地位を失うことにもなります。そこで、改正法では、貸主は、借主が契約の解除をしたことによって損害を受けたときは、借主に対して、その賠償を請求することができるとされました（改正法587の2②後段）。

　もっとも、例えば金融業者が調達コストをかけて金銭を調達していたとしても、別の借主を見つけて貸付けを行うこともできるでしょうし、その新たな借主から利息の支払を受ける余地があるはずです。貸主は、借主に損害賠償を請求するためには、現実に損害が発生していることや、借主の解除と損害との間に因果関係があることを具体的に立証する必要がありますし、金融業者が調達コストや得られるはずであった利息相当額の損害賠償請求が当然にできるとは限りません。

　また、改正法では、諾成的消費貸借契約が成立した後、貸主が目的物を交付する前に、貸主又は借主の一方に破産手続が開始された場合、その消費貸借契約は、当然にその効力を失うものとされました（改正法587の2③）。

　これは、まず借主に破産手続が開始されたときには、借主は支払不能状態にあって借主に返済能力がないことは明らかになっていますので、このようなときに貸主に金銭等の交付義務を負わせることは不合理と考えられることによります。また、貸主に破産手続が開始されたときも、借主は貸主に対して破産債権者として配当を受ける権利を有するだけになり、それでは借主にとって契約の目的が達成できないと考えられることによるものです。

3　利　息

　改正前民法では、利息に関する規定は特にありませんでした。もっとも、利息が発生するためには、利息に関する合意が必要であることは当然です。また、利息の発生時期についても、目的物を受け取った日から起算されることにも異論はなく、判例もこれを認めていました（最判昭33・6・6民集12・9・1373）。

　改正法では、この点を明らかにするために、貸主は、特約がなければ借主に利息の請求をすることができないこと（改正法589①）や、利息の支払の特約があるときは、貸主は、借主が金銭その他の目的物を受け取った日以後の利息を請求することができる旨が規定されました（改正法589②）。

　この利息の発生時期に関する規定に関して、利息の発生時期を借主が金銭等を受け取ってから一定期間経過した後とする合意については有効と考えられます。一方、金

銭等を受け取るよりも前から利息が発生するという合意をしたとしても、このような規定は上記改正法589条2項の規定の趣旨に反するものとして、無効であると考えられています。

4　期限前返済と損害賠償請求

借主は、返済期限よりも前に返済の原資を確保できたときには、その後の利息の支払を免れるためにも、期限前に返済したいと考えることがあります。改正前民法において、このような期限前の返済については、借主は、期限の利益は債務者のためにあるものと推定されることから、期限の利益を放棄して返済することができると考えられていました。

改正法では、この点をより明確にするために、借主は、返済期限の定めの有無にかかわらず、いつでも返済ができる旨が定められました（改正法591②）。

一方、貸主から見ると、期限前に返済を受けることによって、その後に得られるはずであった利息が得られなくなるという面があります。そこで、改正法では、借主が返済期限前に返済をしたことによって貸主が損害を受けたときには、貸主は借主に対し、その賠償を請求することができるとされました（改正法591③）。

もっとも、上記の目的物交付前に借主が契約を解除したときの貸主からの損害賠償請求と同じように、貸主は、具体的に損害が発生したことや、これが借主の期限前返済と因果関係があることを立証しなければなりません。そして、特に貸主が金融業者であるときには、返済を受けたその資金を他に貸し付けて利息を得ることも可能ですから、貸主が具体的な損害を立証して損害の賠償請求をすることは、それほど容易ではないと思われます。

5　経過措置

改正法の施行日前に消費貸借契約が締結された場合には、その契約については、改正法の規定は適用されず、改正前民法が適用されます（改正法平29法44附則34①）。

したがって、改正法の施行日前に諾成的消費貸借契約が締結されたときには、その契約には、諾成的消費貸借契約に関する各種の改正法の規定は適用されないことになります。

第2　見直し条項

契約書名	見直し条項
1　金銭消費貸借契約書	1 諾成的金銭消費貸借
	2 金銭交付前の解除
	3 金銭交付前の契約の終了原因
	4 期限前返済と違約金

1　金銭消費貸借契約書

1−1　諾成的金銭消費貸借

> 新　（消費貸借）
>
> 第○条　貸主は、借主に対して、以下の条件にて金銭を引き渡して貸し付け、借主は、これを借り受けるものとし、次条以下にて定める条件にて返済する。
>
> 　　貸 付 日　○年○月○日
>
> 　　金　　額　金○○円
>
> 　　実行方法　借主の指定する銀行口座に振込送金する方法によって行う。ただし、振込手数料は貸主の負担とする。

＜条項例のポイント＞

　改正法により、書面でする消費貸借契約の場合、目的物の交付がなくても契約が成立する諾成的消費貸借契約が明文化されました（改正法587の2）。上記条項例は、金銭の諾成的消費貸借契約書の例です。

　貸主が、借主に対して金銭を交付して貸し付けることを約し、これを書面にて合意することによって、金銭を交付しない段階で消費貸借契約が成立します。

　ここでは、返済条件や利息の定めは、別の条項とすることを想定しています。

＜実務上のアドバイス＞

　貸し付ける（金銭を交付する）条件について、法律上、特に要件はありません。上記条項例では、貸付日を決めていますが、これも要件ではありません。例えば、貸付けの期限を決めて、期限までに借主が申込みをしたときに貸付けを実行するといった取決めも有効です。

1－2　金銭交付前の解除

①　解除時の借主の損害賠償責任を免責する条項

> 新（金銭交付前の解除権）
>
> 第〇条　借主は、本契約に基づいて貸主から金銭の交付を受けるまでは、いつでも、書面にて貸主に通知することによって、本契約を解除することができる。
>
> 2　貸主は、借主が前項に基づいて本契約を解除したとしても、借主に対して、損害賠償その他の請求をすることはできない。

②　解除時の違約金条項を定める条項

> 新（金銭交付前の解除権）
>
> 第〇条　借主は、本契約に基づいて貸主から金銭の交付を受けるまでは、いつでも、書面にて貸主に通知することによって、本契約を解除することができる。
>
> 2　貸主は、借主が前項に基づいて本契約を解除したときは、借主に対し、違約金として、金〇〇円を請求することができ、借主は、貸主からこの請求があったときは、請求を受けてから2週間以内に貸主の指定する銀行口座に振込送金する方法で支払う。

＜条項例のポイント＞

　本章第1のとおり、諾成的消費貸借契約がなされた場合、借主は、金銭等の目的物の交付を受けるまで、その契約を解除することができます。

　上記条項例①②の第1項は、いずれもこの借主の解除権をそのまま規定したものです。

　改正法では、借主が目的物交付前の解除権を行使したときには、貸主は、その解除によって損害が生じたときには、借主に対して、その賠償を請求することができるとされています（改正法587の2②後段）。

　もっとも、貸主にとって、具体的に損害を立証するのは容易ではありませんし、借主にとっては、どのような損害賠償を受けるかわからなければ、解除権を行使すべきかどうか判断することが困難なことも予想されます。

　そこで、上記条項例では、①借主の損害賠償責任を免責とする例と、②貸主が借主に対して請求できる違約金の金額をあらかじめ決めておく例を紹介しています。

　上記条項例①は、単純に借主に有利で貸主にとって不利な条項ですが、予測可能性を明確にし、貸主にとっても具体的な損害の発生があまり想定されない場合には、このような条項もあり得るところでしょう。

　上記条項例②は、予測可能性は明確になりますが、違約金の金額をいくらにするかが問題となります。

＜実務上のアドバイス＞

　上記条項例②は、借主が解除権を行使したときの違約金の金額を決めておくものであり、このような合意も有効と考えられます（改正法420）。このような合意があれば、貸主に発生した損害額がこの違約金の金額より多くてもこの違約金の金額しか請求できませんし、反対に損害額が違約金の金額より少なくても、この違約金の金額の請求ができます。

　もっとも、違約金の金額をいくらにしてもよいわけではありません。違約金の金額が過大である場合、裁判所は、その判断によって、違約金の金額を増減することができます（改正前民法420条は、前段で「当事者は、債務の不履行について損害賠償の額を予定することができる」とした上で、後段で「裁判所は、その額を増減することができない」と定められていましたが、今回の民法（債権法）改正でこの後段の部分が削除されました。）。

　また、この金銭消費貸借契約書が定型約款の規制対象となる場合、いわゆる定型約款の不当条項規制によって、過大な違約金条項が無効になる場合もあります（改正法548の2②）。さらに、定型約款の規制対象でなくても、違約金条項が過大で公序良俗に反するとして、改正法90条によって無効になることもあり得ます。

　加えて、当該契約が消費者契約法の対象となる場合（貸主が事業者で借主が消費者の場合）、消費者契約法10条によって無効となったり、消費者契約法9条によって、違約金の金額が当該事業者に生ずべき平均的な損害の範囲に限定される可能性があります。

　したがって、このような規制を踏まえて、当該契約の当事者の立場や力関係であったり、貸主に具体的に生じ得る損害額の見込みなどを考慮して、違約金条項の金額をいくらにするのかを慎重に検討することが必要です。

1－3　金銭交付前の契約の終了原因

> 新 （金銭交付前の契約の終了）
>
> 第○条　貸主が借主に本契約に基づいて金銭を交付する前に、貸主又は借主のいずれかについて、破産手続の申立て、民事再生手続の申立て、並びに会社更生手続の申立て、又は各手続の開始決定があったときは、本契約は当然に終了するものとし、貸主は借主に対して本契約に基づいて貸付けを実行する義務を負わない。
>
> 2　貸主が借主に本契約に基づいて金銭を交付する前に、借主に次の各号の一に該当する事由があったときは、貸主は、借主に書面にて通知することによって、本契約を解除することができる。
>
> ①　支払停止若しくは支払不能に陥ったとき又は手形交換所から不渡処分若しくは取引停止処分を受けたとき（電子記録債権につき、不渡処分若しくは取引停止処分と同等の処分を受けたときも含む。）
>
> ②　第三者から差押え若しくは競売の申立て、又は公租公課の滞納処分を受けたとき
>
> ③　解散したとき
>
> 3　前項までの規定によって本契約が終了し、又は解除されたときは、各当事者は、相手方に対して、損害賠償その他の請求をすることはできない。

＜条項例のポイント＞

（1）　目的物交付前の法的倒産手続による契約の終了

　本章第1・2のとおり、貸主が目的物を交付する前に、貸主又は借主の一方に破産手続が開始された場合、その消費貸借契約は、当然にその効力を失うものとされました（改正法587の2③）。

　法律が当然に効力を失うとしたのは、破産手続の開始だけですが、借主に他の法的倒産手続である民事再生手続や会社更生手続が開始されたときでも、再生型とはいえ、貸主としては、法的倒産手続が開始されるような信用力の乏しい借主に対して貸付けをすることは避けたいというのが通常です。

　また、法的倒産手続は、申立てがあったときには、多くの場合はそのまま開始決定が出されます。そこで、上記条項例では、破産手続の開始決定だけではなく、借主に各倒産手続の開始決定や、申立てがあったことを契約の当然の終了原因としました。

　さらに、貸主に民事再生手続や会社更生手続が開始されたときですが、貸付金の請

求権は、再生債権や更生債権になって、再生計画や更生計画で債権カットの対象となりますので、借主にとってこれでは契約の目的が達成できないのは破産の場合と同じです。そこで、上記条項例では、貸主に民事再生手続や会社更生手続が開始されたり、各法的倒産手続の申立てがあった場合も、契約が当然に終了するものとしました。

　(2)　目的物交付前の貸主からの解除権

　目的物交付前の借主からの解除権については、改正法で定められていますが（改正法587の2②前段）、貸主からの目的物交付前の解除権については何の規定もありません。

　そこで、上記条項例では、借主の信用力が悪化したといえる客観的な事由を具体的に列挙して、貸主の解除権を認める形としました。

＜実務上のアドバイス＞

　諾成型消費貸借契約の場合、改正法上、目的物交付前の借主からの解除権は認められていますし、解除権を行使したときには借主には損害賠償義務があるといっても、貸主が具体的な損害を立証することはそれほど簡単ではありません（改正法587の2②）。

　一方で、貸主からの目的物交付前の解除権に関する規定はありませんが、消費貸借契約の場合、与信をするのは貸主であり、貸付けを実行することでリスクが生じるのは貸主です。そして、契約締結後、貸付実行前に借主の信用状況が悪化したときには、貸主としては、そのような借主に対して貸付けを実行する義務から解放されたいと考えるのが通常ですし、契約締結時よりも借主の信用力が著しく悪化しているのであれば、貸付前に貸主の解除権を認めることは、不合理とはいえません。

　この点に関して、契約締結後貸付実行前に借主の信用力が悪化したときに、一般法理である事情変更の法理によって契約の解除ができる余地はあります。もっとも、事情変更の法理による解除権の要件は厳しく、またどのような場合に解除できるか明確ではありません。

　そこで、諾成型の金銭消費貸借契約の場合、貸付実行前に貸主が貸付義務から解放されるために、貸主からの解除権の規定を設けることが重要だといえます。

　一方、借主からすると、諾成型消費貸借契約を締結して、資金調達手段を確保して、事業計画を進めている場合もあります。安易に貸主から契約を解除されてしまえば、借主にとって不測の損害が生じてしまいます。そうすると、あまりに貸主に一方的な有利な条項を定めてしまえば、定型約款の不当条項規制、公序良俗違反、消費者契約法10条の規定などによって、その条項が無効になる可能性があります。したがって、借主の信用不安が明確であり、貸主にとって契約を解除しても不合理ではない事由を対象に解除事由としておくことが無難といえます。

1─4　期限前返済と違約金

> 新 （期限前返済）
>
> 第〇条　借主は、第〇条に定める返済期限の前であっても、いつでも、貸主
> 　　に対して、本件貸付金の全部又は一部を返済することができる。
> 2　　前項に基づいて借主が貸主に対して返済期限より前に返済をしたとき
> 　　は、期限前返済に対する違約金として、借主は、貸主に対し、その返済額
> 　　に対して、以下の基準によって算定された金額を支払う。
> 　　①　返済期限までの期間が〇年以内のとき　返済額の〇％
> 　　②　返済期限までの期間が〇年を超え〇年以内のとき　返済額の〇％

＜条項例のポイント＞

　本章第1のとおり、改正法では、借主は返済期限の有無にかかわらず、いつでも任意に返済をすることができます。そして、これによって貸主に損害が生じたときには、貸主は借主に対して、その賠償を請求することができるとされています（改正法591③）。もっとも、貸主にとっては、この具体的な損害を立証することは簡単ではないことも本章第1のとおりです。また、借主にとって、期限前返済をしたときに、貸主からどのような請求を受けることになるのか不明確であれば、期限前返済をするべきか、あるいは期限を待って返済をするべきか、難しい判断を強いられることにもなります。

　そこで、上記条項例では、あらかじめ違約金の金額を契約の中で定めておき、借主が期限前返済をしたときには、この違約金条項に従って違約金を支払う形にしています。

＜実務上のアドバイス＞

　本章第2・1─2でも解説したとおり、あらかじめ違約金の金額を定めておくことは有効です（改正法420）。もっとも、違約金の金額が過大であるときには、裁判所がこれを減額することはありますし、また、公序良俗違反や消費者契約法10条や9条によって契約条項が無効となったり、一部効力が制限されることがあり得ます。したがって、違約金の金額をどのように設定するかが重要となります。

　上記条項例では、返済期限までの期間によって、違約金の金額を変える形にしています。借主が期限よりも早くに返済すればするほど、貸主にとって得られたはずの利息の金額が少なくなりますので、返済をした時期から期限までの期間が比較的長いと

きには、違約金の割合を高めにして、期限までの期間が比較的短いときには、違約金の割合を少なくすることが考えられます。具体的な違約金の金額（割合）は、貸主は返済を受けた金員を他に貸し付けたり運用したりする余地もあるでしょうから、約定利息の利率などを考慮し、得られるはずの利息金額の一部となるように調整するのが無難です。

　また、条項例は示していませんが、期限前返済をしたときでも、借主の損害賠償責任を免責し、貸主は損害賠償請求ができないとする条項も有効です。貸主にとっては不利な面はある一方で、借主としてはその分その貸主から借りやすくなりますので、より多くの借主を集めることができるという面があるでしょう（例えば、競争の激しい住宅ローンなどでは、銀行によっては期限前返済手数料を無料にしたり、少額にしたりしているようです。）。

第 4 章

賃貸借・使用貸借契約

第1　改正のあらまし

1　目的物返還義務

　改正法では、賃貸借契約終了時に、賃借人は引渡しを受けた賃貸借目的物を賃貸人に引き渡さなければならない旨が明記されました（改正法601）。改正法は、賃貸借契約の賃借人の義務に新たな内容を付け加えるものではなく、賃借人の義務の内容について当然のことを明示的に規定したものです。

2　賃借人の妨害排除請求権

　改正法では、対抗要件を具備した不動産賃貸借において、不動産賃借人の不動産賃借権に基づく妨害排除請求権及び返還請求権を明文化しました（改正法605の4）。改正前民法下での判例法理（最判昭28・12・18民集7・12・1515、最判昭30・4・5民集9・4・431等）を明らかにしたものであり、改正法による変更ではありません。なお、改正法施行日前に締結された賃貸借契約については、原則、改正法施行日以後も引き続き改正前民法が適用されますが（改正法平29法44附則34①）、そのような賃貸借契約の目的物たる不動産について、改正法施行日以後に、その占有を第三者が妨害し、又は不動産を第三者が占有しているときには、改正法605条の4に基づく妨害排除請求等をすることが可能になります（改正法平29法44附則34③）。

3　賃貸借期間の伸長

　改正法における、賃貸借契約に関する実質的な変更箇所の一つです。もっとも、借地借家法が適用される不動産賃貸借契約については、引き続き同法の規定（借地借家法3・29）が適用されますので、改正法の賃貸借期間の定めが適用される場面は多くはないと思われます。改正前民法では、賃貸借の上限は20年でしたが、改正法は、これを50年に伸長しました。借地借家法の適用されない駐車場、ゴルフ場、太陽光発電等の建物所有目的以外の土地賃貸借や、設備機械の賃貸借などについて、一定の期間制限の規律は残しつつ締結可能な賃貸借期間を最長50年とするものです（改正法604）。なお、改正法施行日前に締結された賃貸借契約については、原則、改正法施行日以後も引き続き改正前民法が適用されますが（改正法平29法44附則34①）、改正法施行日以後に賃貸借契約の更新に係る合意があった場合、賃貸借期間の伸長について定めた改正法604条2項は当該契約に適用されます（改正法平29法44附則34②）。

4 賃借人による修繕

改正法では、賃貸借の賃借物について修繕が必要となった場合に、一定の場合に、賃借人が修繕する権利を新たに認めました。賃貸借契約では、賃借人は賃借物の使用収益ができるだけであり、賃借物の修繕の義務は賃貸人が負い（改正法606①本文）、賃貸人が修繕を行うことが前提とされています。しかし、一定の場合には賃借人にも修繕する権利を認めるのが適切と考えられることから、改正法では、①賃借人が賃貸人に修繕が必要である旨を通知し、又は賃貸人がその旨を知ったにもかかわらず、賃貸人が相当な期間内に必要な修繕をしないとき、②急迫の事情があるときには、賃借人に修繕する権利を認めることを明らかにしました（改正法607の2）。実務的には、契約書の中で賃貸人あるいは賃借人が修繕を行う場合と範囲をそれぞれ具体的に定めることも多く、また、実際上も、賃借人に有益費償還請求が認められますので、賃貸人が対応しない場合には賃借人が自ら修繕を行っている場合もあると思われます。したがって、実務的な影響は大きなものとは考えられませんが、改正法で賃借人の権限が明確になったことを踏まえ、修繕を誰が行うのか、費用負担をどうするのかについて明確に合意することが望ましいでしょう。

5 敷 金

賃貸借契約において、賃借人から賃貸人に対して敷金の差入れが行われることは、賃貸借の実務では一般的ですが、改正前民法では敷金についての定義はありませんでした。改正法では、敷金について、「いかなる名目によるかを問わず、賃料債務その他の賃貸借に基づいて生ずる賃借人の賃貸人に対する金銭の給付を目的とする債務を担保する目的で、賃借人が賃貸人に交付する金銭」（改正法622の2①）と定義しました。敷金の性質について実質的な変更を加えるものではありません。そして、①賃貸借契約が終了し、かつ、賃貸物の返還を受けたとき（改正法622の2①一）、又は、②賃借人が適法に賃借権を譲り渡したとき（改正法622の2①二）には、賃貸人は賃借人に対して、賃借人の未払賃料等の額を控除した残額を返還しなければならないと明記しました。前者は、敷金返還請求権の発生時についての判例法理である明渡時説（最判昭48・2・2民集27・1・80）を明文化したものであり、後者も判例法理（最判昭53・12・22民集32・9・1768）を明文化したものです。

また、敷金については、賃貸人の側から債務の弁済への充当は認められるものの、賃借人の側から債務の弁済への充当を請求することができない旨も明記されました（改正法622の2②）。いずれも改正前民法下の判例法理や通説、これらに沿った実務をそのまま反映したものといえます。実務的に契約書への影響はあまりないでしょう。

なお、改正法605条の2第1項又は第2項により賃貸人の地位が移転した場合の敷金に

ついては、改正法605条の2第4項により賃貸人の地位の譲受人又はその承継人に承継されます（第2章第2・2－①参照）。

6　賃借物の一部滅失等による賃料減額及び解除

　改正法は、賃借人の責めに帰することができない事由によって、賃借物の一部が滅失その他の事由により使用及び収益をすることができなくなった場合に、使用及び収益をすることができなくなった部分の割合に応じて当然に賃料が減額されることを明記しました（改正法611①）。改正前民法の賃借人の過失によらない一部滅失の場合に賃料減額できる規律を基本的に維持しつつ、その対象を「一部滅失」に限定せず、「その他の事由により使用及び収益をすることができなくなった場合」にまで拡大したものです。また、改正前民法下で争いのあった減額請求の要否について、改正法では、当然減額であることも明らかにしました。賃貸人が契約書を準備することが多い場面では、一部滅失等による当然の賃料減額を契約書にあえて明示することは少ないかもしれませんが、賃借人の立場からは改正法に沿った条項を定めることも考えられます。

　さらに、賃借人の責めに帰することができない事由かどうかを問わず、賃借物の一部が滅失その他の事由により使用及び収益をすることができなくなった場合において、残存する部分だけでは賃借をした目的を達することができないときには、賃借人に解除権を認めました（改正法611②）。改正前民法では、賃借人に過失のない一部滅失等の場合に限って、目的達成不能を理由とする同様の解除権を認めていましたが、賃借人が賃借の目的を達成することができない以上、賃借人の過失による場合かどうかを問わず、広く解除権を認めることとしたものです。なお、賃借人に帰責性が認められる場合に、賃借人が解除したときの賃貸人の損害については、賃貸人は賃借人に対して損害賠償請求が可能と考えられます。実務的には、解除事由を契約書に定める中で、賃借人の責めに帰することができない事由を賃借人側からの解除事由として明記しておくことも考えられます。

　なお、改正法は、賃借物の全部が滅失その他の事由により使用及び収益をすることができなくなった場合には、賃貸借契約は終了することを明文化しました（改正法616の2）。これも改正前民法下の判例法理（最判昭32・12・3民集11・13・2018）を明らかにしたものです。

7　賃貸人の地位の移転

(1)　不動産の賃貸人の地位の移転

　登記を備えた不動産の賃貸借（改正法605）、借地借家法10条又は31条その他の規定により対抗要件を備えた不動産の賃貸借の賃借人は、賃貸借の目的たる不動産が譲渡さ

れた場合、その賃借権を不動産の譲受人に対抗することができます。そして、それを前提として、改正法は、その不動産の賃貸人の地位は、不動産の譲受人に当然に移転することを明文化しました（改正法605の2①）。改正前民法の判例法理（大判大10・5・30民録27・1013）を明らかにしたものです。また、賃貸人の地位の移転について賃貸人が賃借人に対抗するためには、賃貸目的たる不動産の所有権の移転の登記が必要であることも明記しました（改正法605の2③）。これも改正前民法の判例法理（最判昭49・3・19民集28・2・325）を明らかにしたものです。いずれも賃貸借契約書の実務に影響を与えるものではありません。

（2）　賃貸人の地位の留保

　賃貸借の目的たる不動産が譲渡された場合でも、①譲渡人と譲受人との間で不動産賃貸人の地位を譲渡人に留保するとの合意をして、かつ、②その不動産を譲受人が譲渡人に賃貸する旨の合意をした場合には、前記(1)にかかわらず、賃貸人の地位は、譲受人に移転しません（改正法605の2②前段）。その結果、譲受人から譲渡人、譲渡人から賃借人という転貸関係が創出されることになります。収益不動産の所有者兼賃貸人が当該不動産を売却してリースバックを受ける方法により流動化を図るスキームについて、これまでは賃貸人の地位を譲渡人に留保することについて賃借人の同意を要していましたが、改正法ではそれが不要になりました。なお、賃借人としては、自らの知らないところで転貸借関係が創出され、仮に譲渡人と譲受人（又はその承継人）の間の賃貸借関係が解消された場合に賃貸借の目的たる不動産を使えなくなるという事態が生じるのは困ります。そこで改正法は、譲渡人と譲受人（又はその承継人）との間の賃貸借契約が終了したときは、譲渡人に留保されていた賃貸人の地位が譲受人（又はその承継人）に移転することとしました（改正法605の2②後段）。したがって、この場合には譲渡人と譲受人（又はその承継人）の賃貸借契約が終了したときでも、賃借人は従前の賃貸借契約の内容で引き続き賃借することができることとし、一方的に不利な立場に置かれることのないよう保護が図られています。

（3）　賃貸人の地位が移転した場合の敷金返還債務等の承継

　改正法は、賃貸借の目的たる不動産の譲渡に伴い賃貸人の地位が移転した場合（改正法605条の2第2項後段の場合により留保されていた賃貸人の地位が移転した場合も同じ。）、費用償還債務（民608）や敷金返還債務（改正法622の2①）は譲受人（又はその承継人）に承継されることを明記しました（改正法605の2④）。なお、改正前民法下での判例法理や一般的な解釈に従えば、改正法下でも、敷金については、旧賃貸人の下で発生済みの未払賃料や損害賠償債務がある場合には、これに敷金の全部又は一部が充当され、残額があれば移転することになります。一般的な賃貸借契約の中で、賃貸人の地位が移転した場合の扱いについて定めることは少ないと思われ、賃貸借契約書の実

務に大きな影響を与えるものではないでしょう。

　(4)　合意による賃貸人の地位の移転

　改正法は、賃貸不動産の譲渡があった場合に、譲渡人と譲受人の合意により、賃貸人の地位を譲受人に移転することができる旨を明らかにしました（改正法605の3前段）。契約の相手方である賃借人の同意は不要であることを明らかにしたものですが、これも改正前民法の判例法理（最判昭46・4・23民集25・3・288）を明文化したものです。この場合も、賃貸の目的である不動産の所有権の移転の登記は必要です。また、費用償還債務や敷金返還債務が譲受人に承継されることも同様です（改正法605の3後段）。

8　転貸の効果

　改正法は、転貸の効果について定めた改正前民法613条の規律を基本的に維持しつつ、賃借人が適法に賃借物を転貸したときは、転借人は、「賃貸人と賃借人との間の賃貸借に基づく賃借人の債務の範囲を限度として」賃貸人に対して直接履行する義務を負うことを明らかにしました（改正法613①）。

　また、改正法は、適法に転貸借がされている場合に、賃貸人と賃借人（転貸人）が賃貸借契約を合意解除しても、転借人に対抗することができない旨を明文化しました（改正法613③）。ただし、解除の当時、賃貸人が賃借人の債務不履行により賃貸借契約を解除することができた場合には、この限りではないとされています。いずれも改正前民法の判例法理（大判昭9・3・7民集13・278、最判昭62・3・24金法1177・47）を明らかにしたものです。なお、賃貸人と賃借人（転貸人）が賃貸借契約を合意解除した場合、それを転借人に対抗することができないとなったときに、転貸借契約がどのように扱われるのかについては改正法でも明らかにされませんでしたので、引き続き解釈による解決に委ねられています。

9　保　証

　賃貸借契約が利用される場合には、実務上、賃借人に対して連帯保証人を求める場合があります。改正法で、個人による根保証契約については、貸金等債務が主たる債務に含まれる根保証に限らず、全て極度額を定めなければ無効となります（改正法465の2）。したがって、賃貸借契約における根保証についても極度額の設定が必要になります。極度額の金額をいくらにすべきかについて、明確な基準や考え方はなく、具体的な取引の内容、発生が予想される債務の額等の多寡を踏まえて個別具体的に判断して合理的な金額を決定する必要があります。この点は実務に対する最も影響の大きな改正の一つです。なお、改正法施行日前に締結された賃貸借契約については、原則、改正法施行日以後も引き続き改正前民法が適用されますので（改正法平29法44附則34①）、

保証について極度額の定めがなくても無効にはなりません。

10　原状回復義務

　改正法は、賃借人の原状回復義務について、賃貸借の賃借物を受領した後に、賃借物に生じた損傷がある場合には、賃貸借終了時に損傷の原状回復義務があることを明記しました（改正法621）。また、当該損傷が、「通常の使用及び収益によって生じた賃借物の損耗並びに賃借物の経年変化」である場合には、賃借人が原状回復義務を負わないことも明記しました（改正法621本文括弧書）。かかる賃借物の通常損耗や経年劣化による負担は、明確な合意等のない限り、通常、賃貸人が負担すべきであり、賃借人による原状回復義務の対象とならないという判例の理解（最判平17・12・16判時1921・61）や実務における一般的な解釈を明文化したものです。なお、賃借物に生じた損傷が賃借人の責めに帰することができない事由によるものである場合も、賃借人は原状回復義務を負いません（改正法621ただし書）。実務上、事業者間で締結される店舗や事務所に係る賃貸借契約においては、通常損耗や経年劣化による負担も含めて賃借人の原状回復義務の対象とするものがありますが、その場合には改正法の内容と異なるため、特約として明確に合意しておく必要があります。

　また、賃借物に附属させたものがある場合には、賃借人はこれを収去する義務を負うとともに、収去する権利を有しています。もっとも、附属させたものが賃借物から分離することができない場合又は分離するのに過分の費用を要する場合には収去義務を負いません（使用貸借の原状回復義務について定めた改正法599条1項及び2項の準用（改正法622））。

11　使用貸借契約

　（1）　諾成契約

　改正前民法下では、使用貸借は、目的物の引渡しを必要とする要物契約とされてきました。しかしながら、現代社会においては、親族等の情義的な関係に基づく取引のみならず、経済的な取引の一環として行われることも多くなっており、目的物の引渡し前にも契約としての効力を認めるべき場合があると考えられます。そこで改正法では、諾成契約へと改められました（改正法593）。

　（2）　目的物引渡し前の貸主による解除

　諾成契約となり、目的物の引渡し前に契約が成立することになりましたが、書面によらない使用貸借については、貸主は、借主が目的物を受け取るまでは解除することができると定められました（改正法593の2）。

　（3）　使用貸借の終了事由

　目的物の返還時期を定めた改正前民法の規律は、使用貸借の終了事由の観点から再

構成され、一定の事実の発生による終了（改正法597）と、解除による終了（改正法598）に区分されました。使用貸借契約は、①当事者が期間を定めた場合の期間満了、②（期間を定めなかった場合で）使用収益の目的を定めた場合の目的に従った使用収益の終了、③借主の死亡、の場合に終了することと明記されました（改正法597）。また、使用貸借契約の解除の場面としては、①（使用収益の目的を定めた場合で）目的に従い借主が使用収益するのに足りる期間が経過したときに借主は解除することができる、②使用収益の目的を定めなかった場合は貸主はいつでも解除することができる、③借主はいつでも解除することができる、の三つの場面に整理されました（改正法598）。もっとも、いずれも改正前民法下の規律を実質的に終了と解除に再構成しながらも維持する改正であり、実務に与える影響は大きくありません。

　（4）　原状回復義務

　使用貸借の目的物に附属させたものがある場合には、借主はこれを収去する義務を負うとともに、収去する権利を有しています。もっとも、附属させたものが目的物から分離することができない場合又は分離するのに過分の費用を要する場合には収去義務を負いません（改正法599①②）。なお、賃貸借契約では、目的物に生じた損傷のうち、「通常の使用及び収益によって生じた賃借物の損耗並びに賃借物の経年変化」については、賃借人が原状回復義務を負わない旨が明文化されています（改正法621本文括弧書）が、使用貸借ではこの点についての定めはありません。すなわち、使用貸借の場合に、通常損耗や経年劣化による損傷を誰が負担すべきかは、使用貸借契約の当事者の関係や契約の内容によって様々であると考えられたことから、賃貸借契約のような定めは置かなかったものです。実務上、使用貸借の場合の原状回復については、必要に応じて契約の中で定めを置いていることが多いと考えられますから、使用貸借契約書の実務に与える影響はあまりないでしょう。

12　経過措置

　賃貸借契約・使用貸借契約ともに、改正法が適用されるのは、改正法施行日以後に新たに締結された契約であり、改正法施行日前に締結された契約については引き続き改正前民法が適用されます（改正法平29法44附則34①）。ただし、賃貸借契約の期間の伸長についての改正（改正法604②）については、施行日前に締結された賃貸借契約であっても施行日以後に契約の更新に係る合意がされるときには適用されますが（改正法平29法44附則34②）、その場合でも期間の点を除くと改正前民法が引き続き適用されます。また、施行日前に締結された賃貸借契約について、施行日以降にその不動産の占有を第三者が妨害し、又はその不動産を第三者が占有しているときには、改正法605条の4に基づく妨害排除請求等をすることが可能になります（改正法平29法44附則34③）。

第2 見直し条項

契約書名	見直し条項
1 動産賃貸借契約書	① 賃貸借期間
2 建物賃貸借契約書	① 賃貸借の目的 ② 借主による修繕 ③ 敷　金 ④ 原状回復 ⑤ 連帯保証

1　動産賃貸借契約書

1-1　賃貸借期間

旧　（契約期間）

第○条　本契約期間は、○年○月○日から20年間とする。ただし、期間満了の6か月前までに貸主又は借主のいずれからも書面による解約の申出がないときは、本契約は、同一の条件で自動更新するものとし、以後も同様とする。

新　（契約期間）

第○条　本契約期間は、○年○月○日から30年間とする。ただし、期間満了の6か月前までに貸主又は借主のいずれからも書面による解約の申出がないときは、本契約は、同一の条件で自動更新するものとし、以後も同様とする。

＜条項例のポイント＞

　上記条項例新では、賃貸借期間の上限が改正前民法下では20年となっていたものを、これを超える賃貸借が必要となる動産賃貸借契約の事案において、改正により上限が50年に伸長されたことに伴いその必要性に応じて20年超（50年以下）の賃貸借期間を定めています。

＜実務上のアドバイス＞

　改正法下において、賃貸借期間の最長期間が20年から50年に伸長されていますが、適用対象となるのは改正法が適用される賃貸借契約です（改正法604）。すなわち、建物所有目的の土地賃貸借や建物賃貸借契約は、引き続き借地借家法が適用されますので、それらの賃貸借期間に対する規律は従前どおりです。借地借家法の適用がない動産賃貸借契約、例えば長期間の使用を前提とする動産賃貸借や、ゴルフ場、太陽光発電等のための土地賃貸借等が対象となります。

2　建物賃貸借契約書

2－1　賃貸借の目的

> **維持**　(賃貸借の目的)
> 第○条　借主は、本物件を借主の事業用事務所として使用するものとし、その目的以外のために使用してはならない。

＜条項例のポイント＞

　上記条項例は、建物賃貸借契約の賃貸の目的を明記するものです。改正前民法下の実務でも、賃貸借の目的物である建物の使用目的を約定することは一般的に行われていたと考えられますが、改正法下でも、契約適合性の判断材料となる賃貸の目的を可能な限り具体的に明らかにすることは適切と考えられます。

＜実務上のアドバイス＞

　改正法では、賃貸借契約についても多数の条文が変更、追加されていますが、その改正内容の多くは改正前民法下での判例法理や通説的な見解を反映させるものであり、現在の賃貸借契約における実務に与える影響は大きくないものと考えられます。改正前民法の瑕疵担保責任は契約不適合責任に改められましたが、賃貸の目的は契約適合性を判断するための重要な材料となります。したがって、賃貸の目的についてはできるだけ具体的に明示することが望ましいと考えられ、居住用であるか、非居住用（事業用）であるかのみならず、具体的な用途を定めることが可能であればさらに具体的に定めることも考えられます。

2−2　借主による修繕

旧　（修繕費の負担）

第○条　本物件の構造躯体及び共用部分に関する維持修繕費用は貸主の負担
　　とし、附属設備の管理に要する諸費用及び本物件の通常使用の結果生じる
　　故障・滅失・消耗等の補修費用は借主の負担とする。

新　（修繕と修繕費の負担）

第○条　本物件の構造躯体及び共用部分に関する維持・修繕・補修費用は貸
　　主の負担とし、附属設備の管理に要する諸費用及び本物件の通常使用の結
　　果生じる故障・滅失・消耗等の修繕・補修費用は借主の負担とする。ただ
　　し、借主の責めに帰すべき事由によって本物件の構造躯体及び共用部分に
　　関する修繕が必要となった場合の修繕・補修費用は借主の負担とする。

2　本物件の構造躯体及び共用部分に関する修繕が必要となった場合、貸主
　　が既に知っている場合を除き、借主は遅滞なくその旨を貸主に通知するも
　　のとする。

3　借主が貸主に対して修繕が必要である旨を通知し、又は貸主がその旨を
　　知ったにもかかわらず、貸主が相当期間内に必要な修繕を行わなかった場
　　合には、借主は当該修繕を、貸主に通知の上で、自ら行うことができる。
　　修繕が必要であり、借主が貸主に対して修繕が必要である旨を通知するこ
　　とができない急迫の事情があるときも同様とする。

4　前項の場合に借主が負担した修繕費用は、借主は、貸主に対して、請求
　　することができるものとし、貸主は、借主から請求があったときには直ち
　　にこれを支払うものとする。この場合、貸主は修繕費用の金額の多寡を理
　　由にその支払を拒絶できないものとする。

＜条項例のポイント＞

　上記条項例新は、貸主と借主の修繕義務を負う範囲、修繕費用の負担の範囲を定め
た条項です。改正法では、賃借物の通常損耗や経年劣化による負担は、原則、貸主が
負担すべきとしていますので、これと異なる負担を合意する場合には、特約として明
確に合意する必要がありますので、上記条項例新でも、借主が「通常使用の結果生じ

る故障・滅失・消耗等」の費用を負担する旨を明確にしています。借主の責めに帰すべき事由によって本物件の構造躯体及び共用部分に関する修繕が必要となった場合は、本来、貸主としては修繕義務自体を負わないことになりますが、建物の修繕は貸主にとって重要な行為であることからすれば、借主に任せることはせず、修繕自体は貸主が行い、その費用負担を借主に求めることが考えられますので、上記条項例新第1項では費用負担のみを合意しています。さらに、上記条項例新第3項及び第4項で、賃貸借契約の目的物について貸主が本来行うべき修繕について、当該修繕を貸主が行おうとしない場合に、借主が自ら、貸主の費用負担で修繕を行うことができるようにする条項例です。この部分は、どちらかというと借主の立場での条項例ですので、契約書案を貸主側が準備することが多い実務の中では、ここまで明確に規定できる場合は少ないかもしれません。

＜実務上のアドバイス＞

　実務では、貸主が契約書を準備することが多いと思われるところ、借主にとって有利な条項を積極的に定めた契約書は実際上少ないでしょう。もっとも、新たに契約書を締結するような場合に契約書の内容について交渉が行われる場合には、借主の立場から適切と思われる条項を明確にすることが必要な場合もあるでしょう。この点、借主による修繕を定めた改正法607条の2は、任意規定と考えられますので、当該規定を積極的に排除する旨の合意がない限り、上記条項例新第3項のような定めがなくても、改正法が適用されます。また、借主が貸主に代わって行った修繕に要した費用は、必要費であり、借主は貸主に対して直ちにその償還を請求することができます（民608①）。もっとも、借主が貸主に代わって修繕を行い、事後的にその費用を貸主に償還請求する場合には、修理の内容や範囲や金額の多寡について貸主と借主の見解が相違していたときには、争いになることも十分に考えられます。借主の立場としては、上記条項例新第4項のとおり、借主による修繕が行われた場合に借主が負担した修繕費の金額が高いことを理由として貸主が支払拒否できないということまで定めるのが望ましいでしょう。

2－3　敷　金

> **維持**（敷　金）
>
> 第○条　借主は、貸主に対し、本契約に基づいて発生する借主の貸主に対する一切の債務の支払を担保するための敷金として金○円を、本契約締結と同時に預託する。
>
> 2　貸主は、借主に対し、履行期を経過した未払賃料その他の債権がある場合、いつでも前項の敷金の全部又は一部を充当することができる。なお、この場合、充当により敷金に不足額が生じたときは、貸主は、借主に対し、その旨を通知するものとし、借主は、通知後10日以内に不足額を追加して預託するものとする。
>
> 3　借主は、自らの未払賃料その他の債務をもって、敷金への充当を貸主に対して請求することはできない。また、借主は、敷金の返還請求権を第三者に譲渡し、又は担保に供することはできない。
>
> 4　第1項の敷金は無利息とし、貸主は、本契約が終了し、本物件の明渡しの完了後30日以内に、履行期を経過した未払賃料その他借主に対する債権があるときは、敷金からこれらの額を差し引いた上、残額を借主に対して返還するものとする。

＜条項例のポイント＞

　上記条項例は、賃貸借契約において、実務上よく見られる敷金に関する条項ですが、改正法下においても、その内容には特段の変更を加える必要はなく、引き続き維持することとしたものです。

＜実務上のアドバイス＞

　改正法では、「敷金」についての定義が明確にされました（改正法622の2）が、改正前民法の敷金の性質に関する解釈を変更するものではなく、敷金の内容やこれに含まれる範囲について実質的な変更はありません。したがって、改正法下での賃貸借契約であるからといって、敷金についての定義を契約書に書き込む必要性は高くないと考えられます。また、改正法は、敷金返還請求権が目的物の明渡時に発生する旨や、敷金返還の際に未払賃料等の債務がある場合には当然に控除される旨を明文化しましたが、これらも改正前民法下での判例法理を明らかにしたものですので、かかる判例法理と整合している条項を修正する必要性は高くありません。

2—4 　原状回復

① 　居住用建物の賃貸借契約の条項

維持 （明渡し及び原状回復）

第○条　本契約が終了する場合、借主は本契約終了時までに、自己の費用で本物件を原状に復し貸主に明け渡すものとする。ただし、本物件の通常損耗及び経年劣化に係る部分についてはこの限りではない。

2　借主が、本契約終了日までに、前項の義務を履行しないときは、貸主は借主の費用負担において本物件を原状に復することができる。

3　借主は、貸主に対し、本物件の明渡しに際して、立退料、移転料、その他名目の如何を問わず、何らの金銭請求もしないものとする。

---

② 　事業用建物の賃貸借契約の条項

維持 （明渡し及び原状回復）

第○条　貸主及び借主は、本契約に基づく賃貸借開始時の本物件の原状が、別紙に記載の「契約時の仕様及び設備」記載のとおりであることを確認する。

2　本契約が終了する場合、借主は本契約終了時までに、自己の費用で、借主が設置した設備・造作・機器等を全て撤去し、本物件を、別紙に記載の「原状回復の内容」記載のとおりに原状回復の上で、明け渡して返還するものとする。

3　借主は、前項の原状回復に要する工事を、貸主の指定する工事業者に行わせるものとし、その費用は借主が負担するものとする。

4　借主が、本契約終了日までに、第2項の義務を履行しないときは、貸主は借主の費用負担において本物件を原状に復することができる。また、本契約終了時に本物件内に残置された物件があるときは、貸主は、借主がその所有権を放棄したものとみなしてこれを任意に撤去・処分することができるものとし、その費用は借主が負担するものとする。

5　借主は、貸主に対し、本物件の明渡しに際して、立退料、移転料、営業保証、その他名目の如何を問わず、何らの金銭請求もしないものとする。

（別　紙）

	対象箇所	契約時の仕様及び設備	原状回復の内容	備　考
1	壁	白塗装（新規塗替済）	新規塗替え	貸主指定のもの
2	床	灰色カーペット（新規張替済）	同色・同等品での新規張替え	貸主指定のもの
3	照　明	設置済	汚損・破損のある場合については同等品に交換	
〔以下省略〕			

＜条項例のポイント＞

　上記条項例①は居住用建物の賃貸借契約、条項例②は事業用建物の賃貸借契約を念頭に置いたもので、いずれも原状回復義務の範囲及び内容について改正前民法下で使われていた条項例をそのまま維持するものです。上記条項例①は、居住用建物の賃貸借の例において、借主が原状回復義務を負っていることを前提としつつ、通常損耗や経年劣化による損傷が原状回復の対象外であることを簡潔に約定したものです。上記条項例②は、事業用オフィスの賃貸借の例において、通常損耗や経年劣化による損傷も借主の負担であることを特に約定し、その具体的な原状回復の内容を別紙において具体的に定めたものです。原状回復の範囲について貸主・借主間において紛争となることは多くありますので、これを回避するために具体的に貸主・借主間でその内容を確認することが望ましいでしょう。

＜実務上のアドバイス＞

　改正法では、借主の原状回復義務の範囲と内容を明らかにし、その中で、通常の使用収益によって生じた損耗（通常損耗）や、経年劣化による変化については、借主が原状回復義務を負わないことを明記しました（改正法621本文括弧書）が、これは居住用

建物賃貸借契約における判例や一般的な解釈を明文化したものであり、実務上も国土交通省の定める「原状回復をめぐるトラブルとガイドライン（再改訂版）」（平成23年8月）を参考としながら行われていることが多い居住用建物賃貸借の実際の運用に、大きな影響を与える改正ではありません。したがって、かかるガイドラインに沿って作成されているような条項が使われている場合には、それらを変える必要性は高くありません。さらに、事業用建物賃貸借契約で、通常損耗や経年劣化による変化も含めて借主の負担と合意する事例が多く見られますが、契約書締結の際にはその旨を明確に合意する必要性があることも変わりません。仮に通常損耗や経年劣化による変化も含めて借主の負担とする場合には、その旨の明確な合意をする必要があるところ、契約締結時の賃借物の仕様及び設備の状態について、後日、疑義が生じないように、契約書に添付する別紙（一覧表のようなものが考えられます。）で明確にするとともに、原状回復の範囲や内容についても、その中で具体的に定めるような方法も適切です（上記条項例②）。なお、本条は任意規定ですので、通常損耗や経年劣化による変化も含めて全て借主の負担とする合意も当然に無効となるものではありませんが、借主が消費者である場合には、そのような合意が消費者契約法10条に反するものとして無効になる可能性が高いと考えられますので、前記「原状回復をめぐるトラブルとガイドライン（再改訂版）」を参考にした約定にするなどの注意が必要です。

　また、賃貸借開始後に生じた賃借物の損傷が、賃借人の帰責事由によらない場合には、その損傷について賃借人は原状回復義務を負わないことが改正法で明記されましたが、改正前民法下でも一般的な解釈として肯定されていましたので、契約書に明記せずとも、実務的には大きな影響があるとは考えられません。

2－5　連帯保証

> 旧 （連帯保証）
> 第○条　連帯保証人は、貸主に対して、借主が本契約に基づいて負担する一切の債務について、連帯して保証する。
>
>
>
> 新 （連帯保証）
> 第○条　連帯保証人は、貸主に対して、借主が本契約に基づいて負担する一切の債務について、連帯して保証する。ただし、連帯保証人が貸主に対して負担する債務は、○万円（あるいは月額賃料の○か月分）を限度とする。

＜条項例のポイント＞

　賃貸借契約に基づいて借主が負担する賃料等の債務を個人が保証する場合は、個人根保証契約として、極度額を定めなければ、保証契約自体の効力が生じないこととなります（改正法465の2②）。上記条項例新では、連帯保証人の責任の範囲となる極度額の金額をただし書で明記するようにしています（確定金額で示していますが、括弧内のように月数で示すことも考えられます。）。なお、賃貸借契約において保証会社が利用される場合がありますが、保証人が個人以外の場合には適用されません。

＜実務上のアドバイス＞

　改正法では、個人根保証契約について、極度額の定めがなければ無効とされることから、改正法施行後に新たに締結される賃貸借契約については注意が必要です。極度額をいくらにするかは、明確な基準はなく、具体的な取引の内容、予想される債務の額等の多寡を踏まえて個別具体的に判断することになりますが、極度額の定めが実質的に無意味になるような高い金額を設定する場合には、公序良俗に反するとして改正法90条により無効となる場合も考えられます。また、当該契約が消費者契約法の対象となる場合、消費者契約法10条によって無効となることも考えられます。なお、極度額の水準については、明確な制限や基準があるわけではありませんので、個別の事情に応じて判断し、合意するしかありません。賃借人に賃料不払が発生したとしても、契約解除のためには信頼関係が破壊されている程度に至らなければ契約解除できないこと、仮に契約解除できた場合でも、任意の明渡しが期待できない場合は明渡請求訴

訟等の法的手続によって明渡しを実現する必要があること、原状回復費用等が必要となる場合があること等を考慮して、相当程度の費用をカバーできるぐらいの極度額の定めが必要になると考えられます。

　なお、改正法施行日前に締結された賃貸借契約（連帯保証契約）については、引き続き改正前民法が適用されます（改正法平29法44附則21①）。他方、改正法施行日前に締結され、改正法施行日以後に「更新」された場合に、改正法が適用されるのか、改正前民法が適用されるのかについては、議論のある部分があります。改正法施行日以後に新たな契約がされた場合には、改正法が適用されるところ、当該「更新」が「新たな契約が締結された」と言える場合には、改正法が適用されることになると解されます。「更新」には、法定更新の場合、明確な合意行為のある合意更新の場合、特段の意思表示をしない場合には自動更新となる約定に基づく更新の場合等、様々な形態があり得ます。そのいずれが新たな合意（契約）と言えるかは、個別の事情により判断するしかありませんが、特に自動更新の場合にはその態様によって結論が異なってくる可能性がありますので、留意が必要です。

第 5 章

請負契約

.

第1　改正のあらまし

1　仕事完成前の請負人の報酬請求権

　請負契約では、報酬は、仕事の結果に対して、仕事の目的物の引渡しと同時に（物の引渡しを要しないときは完成と同時に）支払われることとされています（民632・633・624①）。そこで、請負人は、仕事が完成しないうちは報酬を請求することができないのが原則です。

　他方で判例は、既にされた仕事の部分が可分であって、注文者がその給付を受けることにつき利益を有するときは、特段の事情がない限り、既に完成した部分については契約を解除することができないものとしています（大判昭7・4・30民集11・780、最判昭56・2・17判時996・61）。

　ところが改正前民法では、公平の観点から請負人に報酬請求権を認めるべき場合でも、その報酬請求権の根拠となる明文規定がありませんでした。そこで、改正法では、仕事が完成しなかったときでも、一定の場合に請負人の注文者に対する報酬請求権を認めました（改正法634）。

　すなわち、①⑦注文者の責めに帰することができない事由によって仕事を完成させることができなくなったとき、又は④請負契約が仕事の完成前に解除されたときであって、②注文者が、請負人が既にした仕事の結果のうち可分な部分の給付により利益を受けるときは、その部分につき仕事が完成したものとみなされます。仕事が完成したとみなされることにより、請負人は注文者に対し、当該完成部分について報酬を請求することができます。①④は、注文者と請負人とのいずれが請負契約を解除したかにかかわらず、公平の観点から報酬請求を認めようとするものです。

　なお、①⑦に関し、「注文者の責めに帰すべき事由」によって仕事を完成させることができなくなった場合は、改正法536条2項の適用を検討することになります。同条同項では、実質的に改正前の条項が維持されています。

2　請負契約上の担保責任

（1）　総　論

　請負人の担保責任に係る改正前民法の条文は、瑕疵修補請求及び損害賠償請求に関する634条、瑕疵を理由とする契約解除に関する635条、土地工作物の請負人の瑕疵担保期間に関する638条、担保責任の存続期間の伸長に関する639条、担保責任を負わな

い旨の特約に関する640条がいずれも削除され、改正法では、559条（改正前後で変更なし）により、原則として売買の担保責任に関する規定が請負契約に包括的に準用されることとなりました。そして、請負契約に特有の例外として、目的物の契約内容不適合が注文者の指図等によって生じた場合に関する改正法636条（改正前民法636条を基本的に維持）、目的物の種類又は品質に関する担保責任の期間の制限についての改正法637条が設けられました。

(2)　修補請求権及び損害賠償請求権

改正前民法634条に関し、従来、請負契約の仕事の目的物に瑕疵がある場合には、注文者は、瑕疵の修補が可能なときであっても、修補を請求することなく直ちに修補に代わる損害の賠償を請求することができる、とされてきました（最判昭54・3・20判時927・184）。改正法では、同条文は削除され、改正法施行後は、修補を含む履行の追完については改正法562条が、損害賠償請求については改正法564条、415条がそれぞれ適用されることになりました。この結果、改正法上は、仕事の目的物に契約不適合がある場合、注文者は、改正法415条2項各号の要件を充たす場合、すなわち、その契約不適合が請負人の責めに帰すべき事由による場合で、①履行不能の場合、②請負人が債務の履行を拒絶する意思を明確に表示した場合、③契約が解除され又は債務不履行による解除権が発生した場合、に限って債務の履行に代わる損害賠償請求が可能となりました。

(3)　解除権

改正前民法635条本文では、仕事の目的物に瑕疵があり、そのために契約をした目的を達することができないときは、注文者は契約を解除し得るとされていました。改正法では同条文は削除されましたので、仕事の目的物が契約の内容に適合しない場合、注文者は、改正法541条又は542条の規定により、これら各条の要件を充たす場合には、催告解除又は無催告解除ができることになります。

また、改正前民法635条ただし書によると、目的物の瑕疵により契約をした目的を達することができない場合でも、建物その他土地の工作物については契約の解除ができないこととされていました。これは、契約の解除が認められるとすれば、請負人は土地工作物を撤去することによる多大な負担を負うことになること、社会経済的にも損失が大きいこと、が理由とされてきました。しかし、契約の解除ができず、注文者が契約目的を達成できない土地工作物を受領せねばならないとすると、かえって注文者に酷であること、このような土地工作物は他に転用することが困難であることが多く、解除を認めなかったからといって社会経済的な損失の発生を回避できるとも限らないことから、このただし書も含め、改正前民法635条は削除されました。

(4)　請負人の担保責任及び期間の制限

　改正法では、請負人の担保責任に関して売買契約における担保責任の規定が準用されるため（民559）、注文者の責めに帰すべき事由により請負の仕事の目的物に契約不適合が生じたときは、注文者は履行の追完の請求をすることができません（改正法562②）。そして、契約不適合が注文者が供給した材料の性質に起因して生じた場合や、注文者の与えた指図によって生じた場合は、請負に特有の事情ですから、改正前民法636条が実質的に維持され、改正法においても、請負人が注文者の供給した材料や注文者の指図が不適当であることを知りながら告げなかったときを除き、注文者は請負人の担保責任を請求することができないものとされました（改正法636）。

　また、改正前民法では、請負人の担保責任の存続期間は仕事の目的物を引き渡した時から計算されるものとされていましたが（改正前民637）、改正法では、売買の規定と平仄を合わせ、「注文者がその不適合を知った時から」と改められました。担保責任の存続期間は、改正前民法と同様に1年です。そしてこの1年の期間内に注文者がしなければならないことは、不適合の事実の請負人への通知であることが明記されました（改正法637①）。

　土地工作物に関する担保責任の存続期間を特別に伸長していた改正前民法638条は削除され、他の場合と同様に上記の1年の存続期間が適用されることとなりました。

　担保責任の契約による伸長に関する改正前民法639条は、改正法では削除されました。そこで、改正法637条の1年の期間制限を当事者の合意により伸長又は短縮できるかについては、解釈に委ねられます。

　また、担保責任を負わない旨の特約を設けた場合でも、請負人が知りながら告げなかった事実については責任を免れない旨を規定した改正前民法640条も削除されましたが、これは、売買に関する改正法572条が請負に準用されることから、実質的には変更はないと理解されます。

3　注文者に破産手続が開始したときの請負人の解除権

　注文者に破産手続が開始した場合の規律は、1点を除き、改正前民法642条が維持されています。すなわち、改正前民法では、注文者が破産手続開始の決定を受けたときは、請負人又は破産管財人は契約の解除をすることができる、とされていました（改正前民642①）。これは、請負人は基本的には仕事が完成して初めて報酬を受け取ることができるところ、請負では仕事を完成させるために相当の費用を要することが通常であり、注文者が破産したときにまで請負人に費用をかけて仕事を完成させる義務を負

わせることは請負人に酷であると考えられたことによります。

　そうすると、既に仕事が完成しているときは、このような状況になく、請負人に解除権を認める必要はないと考えられますから、改正法642条1項では、ただし書により、注文者が破産した場合でも、仕事が完成した後は請負人は契約の解除ができないことが新たに規定されました。

4　経過措置

　改正法の施行後も、施行日前に締結された請負契約に対しては、改正前民法が適用されます（改正法平29法44附則34①）。

第2　見直し条項

契約書名	見直し条項
1　建築工事請負契約書	1 仕事未完成の場合の報酬及び費用請求 2 請負人の担保責任〜履行の追完・代金減額請求 3 請負人の担保責任〜履行に代わる損害賠償請求 4 請負人の担保責任〜解除 5 担保責任の期間

1　建築工事請負契約書

1−1　仕事未完成の場合の報酬及び費用請求

新　（仕事未完成の場合の報酬及び費用請求）

第○条　次に掲げる場合において、請負人が既にした仕事のうち可分な部分の給付によって注文者が利益を受けるときは、その部分を仕事の完成とみなし、請負人は注文者に対し、注文者が受ける利益の割合に応じて第○条に定める報酬を請求することができる。

①　注文者の責めに帰することができない事由によって仕事を完成することができなくなったとき

②　本契約が仕事の完成前に解除されたとき

2　前項の場合、請負人は注文者に対し、第○条に定める費用のうち、前項により仕事の完成とみなされた部分に要した費用を請求することができる。

＜条項例のポイント＞

　上記条項例では、請負の目的である仕事が完成しないうちに仕事の完成が不能になり、又は請負契約が解除された場合の請負人の報酬及び費用の請求権を定めています。本章第1・1のとおり、改正法では、これらの場合に請負人が一定の報酬を請求し得ることが明記されました。

　上記条項例第1項は、基本的に改正法634条と同様の規定ぶりとなっていますから、これがなくとも改正法の適用により同じ結果が導かれることになりますが、費用請求権について定める上記条項例第2項の枕にするという意味と、仕事が途中で終わった場合でも報酬が発生する場合があり得ることを確認しておく意味とがあります。

　上記条項例第2項は、同じ場合についての費用請求権の帰趨を定めたものです。費用は報酬に含まれている場合もありますが、注文者と請負人とが報酬とは別に費用の請求権について合意していた場合は、仕事が未完成に終わった場合の費用請求権の取扱いが問題となり得ることから、報酬請求権と同様、既にした仕事のうち可分な部分の給付によって注文者が利益を受けるときは、その部分について費用請求もできることを定めたものです。上記条項例第2項のような規定を置かない場合には、費用の取扱いはケースバイケースで解釈されることになると考えられます。

＜実務上のアドバイス＞

　上記条項例では、改正法の規定ぶりと同様に、報酬については注文者が受ける利益の割合に応じて請求できる、費用は完成とみなされた部分に要した費用を請求できる、とのみ規定しているものです。

　仕事の目的物の性質上、仕事の完成割合とそれに対する報酬・費用とがより明確に区分できるようなケースであれば、契約条項の中で、あらかじめどこまで完成していれば報酬がいくら発生し、費用はいくら発生する、といったようにより具体的な取決めをしておくことも考えられます。

1-[2]　請負人の担保責任〜履行の追完・代金減額請求

> [新]（履行の追完請求等）
>
> 第○条　引き渡された目的物が契約の内容に適合しないものであるときは、注文者は請負人に対し、目的物の修補による履行の追完を請求することができる。
>
> 2　前項の場合において、注文者が相当の期間を定めて履行の追完の催告をし、その期間内に履行の追完がないときは、<u>注文者は、その不適合の程度に応じて請負代金の減額を請求することができる。</u>
>
> 3　前項にかかわらず、次に掲げる場合には、<u>注文者は、前項の催告をすることなく、直ちに請負代金の減額を請求することができる。</u>
>
> ①　履行の追完が不能であるとき
>
> ②　請負人が履行の追完を拒絶する意思を明確に表示したとき
>
> ③　請負人が履行の追完をしないで、○年○月○日が経過したとき
>
> ④　注文者が催告をしても請負人が履行の追完をする見込みがないことが明らかであるとき
>
> 4　本条の規定は、契約不適合が注文者の責めに帰すべき事由によるものであるときは、適用しない。

＜条項例のポイント＞

　改正法では請負人の担保責任に関し、売買の規定を準用することとしているため、従来の瑕疵修補請求（改正前民634）は、民法559条（改正前後で変更なし）で準用される改正法562条（買主の追完請求権）によることになります。改正法562条には、履行の追完の手段として、目的物の修補のほかに、代替物の引渡し又は不足分の引渡しも挙げられていますが、請負の目的物は不特定物ではないことが通常であるため、そのような場合を前提に、上記条項例では履行の追完方法として目的物の修補のみを挙げる形で規定しています。

　また、改正前民法では、請負契約における代金減額請求を認める明文規定はありませんでしたが、民法559条では改正法563条（買主の代金減額請求権）も、契約の性質に反しない限り準用されるところ、請負において注文者に代金減額請求権を認めることは請負契約の性質に反しないと考えられるため、上記条項例では、これを契約条項例に取り込みました。

　損害賠償請求権と解除権については、後掲本章第2・1—③・1—④に条項例を挙げています。

＜実務上のアドバイス＞

　上述のとおり、改正前民法において、請負契約における代金減額請求を認める明文規定はありませんでしたが、民法559条では改正法563条（買主の代金減額請求権）も、契約の性質に反しない限り準用されることから、上記条項例では請負契約に代金減額請求の定めを置いています。

　この点、法改正前でも、判例により、請負人からの残代金請求に対して注文者が瑕疵修補に代わる損害賠償請求権を自働債権としてする相殺が認められていました（最判昭51・3・4判時849・77）。すなわち、同判例は、「請負契約における注文者の請負代金支払義務と請負人の仕事の目的物引渡義務とは対価的牽連関係に立つものであり、目的物に瑕疵がある場合における注文者の瑕疵修補に代わる損害賠償請求権は、実質的、経済的には、請負代金を減額し、請負契約の当事者が相互に負う義務につきその間に等価関係をもたらす機能をも有するものである」として、相殺処理を認めることにより、実質的に注文者からの代金減額請求を実現しました。

　そこで、改正法では、その有償契約の性質に反しない限り、売買契約における買主の代金減額請求権に係る条文（改正法563）も準用されることになりますが、請負契約への準用は認められると考えられます。

1 ─ 3　請負人の担保責任～履行に代わる損害賠償請求

旧 （瑕疵修補に代わる損害賠償請求）

第○条　仕事の目的物に瑕疵があるとき、注文者は請負人に対し、瑕疵の修補に代えて、又はその修補とともに、損害賠償の請求をすることができる。

新 （履行に代わる損害賠償請求）

第○条　次に掲げる場合、注文者は請負人に対し、債務の履行に代わる損害賠償の請求をすることができる。ただし、請負人の債務の不履行が、請負人の責めに帰することのできない事由によるものであるときは、この限りではない。

①　仕事の完成が不能であるとき

②　請負人が仕事の完成を拒絶する意思を明確に表示したとき

③　本契約が解除され、又は注文者に本契約の解除権が発生したとき

【注文者の立場からの条項例】

第○条　仕事の目的物が契約の内容に適合しないものであるときは、注文者は請負人に対し、目的物の修補を請求することができる。

2　前項の場合、注文者は、目的物の修補に代えて、又はその修補とともに、損害賠償の請求をすることができる。

＜条項例のポイント＞

　上記条項例 新 は、請負人の仕事の内容に契約不適合がある場合に、注文者が履行の追完請求に代わり、損害賠償を請求しようとする場合のものです。改正前民法の内容に沿った条項を、改正法を踏まえた内容に改めています。本章第1・2(2)の解説のとおり、改正前民法では注文者に瑕疵修補請求をするか損害賠償請求をするかの選択権がありましたが、改正法では、改正法415条2項各号の要件を満たす場合に履行の追完請求に代わる損害賠償請求ができることとなりました（改正法564・415）。

＜実務上のアドバイス＞

　本章第1・2(2)のとおり、改正法では、請負契約の仕事の目的物に契約不適合がある

場合に、注文者が請負人に対し、目的物の修補に代えて損害賠償を請求できる場合は、修補の履行が不能であるとき等、一定の場合に限定されました（改正法564・415②）。しかし、注文者の立場からすれば、請負人になお履行の意思があったとしても、契約に適合しない仕事しかしなかった請負人に修補を求めるのではなく、他の者に修補を依頼して、請負人にはこれにかかった費用のみを請求したい、という場合があると思われます。そこで、【注文者の立場からの条項例】では、改正前民法と同様に、注文者の選択に従って、目的物の修補とともに、又はこれに代えて損害の賠償が可能となるような規定ぶりとしています。

　改正法415条は強行法規というわけではありませんから、当事者の合意によって、これと異なる定めをすることも可能です。そこで、どちらの立場に立つかによって、より有利な規定を設けるべく相手方と交渉することになりますが、一般論としては、あえて法律とは異なる規定を設けた場合、それが当事者間の公平を相当害する程度に一方当事者に有利であったり、法の趣旨に反するようなものであるときには、当該条項の有効性が問題になることもあり得ますので、留意が必要です。

1－4　請負人の担保責任～解除

> **新**（契約不適合による解除）
>
> 第○条　請負人がその債務を履行しない場合において、注文者が相当の期間を定めてその履行を催告し、その期間内に履行がないときは、注文者は、本契約の解除をすることができる。ただし、その債務の不履行の内容が、請負代金の○％以下の価額で追完できるものであるときはこの限りではない。
>
> 2　次に掲げる場合には、注文者は、前項の催告をすることなく、直ちに本契約を解除することができる。
>
> ①　請負人の仕事の全部の履行が不能であるとき
>
> ②　請負人がその仕事の全部の履行を拒絶する意思を明確に表示したとき
>
> ③　請負人の仕事の一部の履行が不能である場合又は請負人がその債務の一部の履行を拒絶する意思を明確に表示した場合で、残存する部分のみでは契約目的を達することができないとき
>
> ④　請負人が仕事の一部又は全部を履行しないで○年○月○日を経過したとき
>
> ⑤　その他、請負人が債務の履行をせず、注文者が催告をしても契約の目的を達するに足る履行がされる見込みがないことが明らかなとき
>
> 3　次に掲げる場合には、注文者は、第1項の催告をすることなく直ちに本契約の一部を解除することができる。
>
> ①　仕事の一部の履行が不能であるとき
>
> ②　請負人がその仕事の一部の履行を拒絶する意思を明確に表示したとき

＜条項例のポイント＞

　改正法では、請負の目的物に契約不適合がある場合の解除については、売買契約の解除に係る規定が適用されます。そこで、上記条項例でも、第1項で催告解除に係る改正法541条、第2項で無催告解除に係る改正法542条に相当する規定を置いています。

　上記条項例第1項の催告解除について、改正法では、不適合が軽微である場合には解除が認められないことが明文化されました（改正法541ただし書）。しかし、実際の解除の場面では、問題となる契約不適合が軽微なものかどうかで、注文者と請負人の主張が対立する可能性も残しています。そこで、できるだけこのような争いを避けるとい

う観点からは、例えば契約の内容により不適合が軽微な場合が類型化できるようであれば、その場合を列挙しておくことが考えられます。また、上記条項例第1項ただし書のように、金額で軽微か否かを分別できるようにしておくことも考えられます。

　上記条項例第2項は、およそ契約目的が達成されない場合において当事者を契約から解放する趣旨で、改正法において新たに規定された、無催告解除に関する改正法542条を条項化したものです。

　上記条項例第3項は、契約の一部を無催告で解除し得る場合を定めたものです。

＜実務上のアドバイス＞

　上記条項例は、第1項ただし書を除いては、基本的に改正法の債務不履行解除についての条文を契約書の条項例として取り入れたものですから、仮にこのような条項が契約書に存在しなくとも、改正法を根拠に解除することは可能です。

　しかし、契約書に解除条項を入れた場合は、その規定ぶり、契約締結の経緯等によっては、契約解除は契約書上の解除条項に該当したときに初めて可能であり、契約当事者の意思としては、それ以外の場合は、法律上の解除事由に当たる場合でも解除を認めない趣旨であると解釈される可能性もあります。

　そこで、上記条項例に限ったものではありませんが、法律上に規定のある項目についてあえて契約書で定めるときは、法律との違いを意識しながら条項化する必要があります。

　なお、上記条項例では、請負人の担保責任が生じる場面での解除を想定していますので、注文者からの解除権のみを規定していますが、請負人の立場からは、注文者の代金不払など、注文者側の債務不履行の場合の解除権を定めておくことが考えられます。

1−⑤　担保責任の期間

> ⑱ （担保責任の期間）
>
> 第〇条　前〇条の規定による瑕疵の修補又は損害賠償の請求及び本契約の解除は、請負人が注文者に仕事の目的物を引き渡した時から1年以内にしなければならない。
>
>
>
> ⑲ （担保責任の期間）
>
> 第〇条　注文者が、仕事の目的物が契約に適合しないことを知った時から〇年以内にその旨を請負人に通知しないときは、前〇条の規定による履行の追完の請求、代金減額の請求、損害賠償の請求及び本契約の解除をすることができない。

＜条項例のポイント＞

　上記条項例⑱は、改正前民法を前提としたもの、上記条項例⑲は、改正法を前提としたものです。本章第1・2(4)で解説したとおり、担保責任の起算点が「目的物を引き渡した時」から、売買と平仄と合わせ、「契約不適合を知った時」と改められました（改正法637①）。

　この請負人の担保責任の期間制限（改正法637）が、当事者の合意によって短縮若しくは伸長できるかは、今後の解釈に委ねられています。そこで契約当事者としては、請負人の担保責任の期間は1年間と判断される可能性を頭に置きつつも、注文者の立場からは、通知までの期間をより長くするように、請負人の立場からはより短縮するように交渉することになるでしょう。

＜実務上のアドバイス＞

　定められた期間内に注文者から請負人に対してなすべき「通知」は、契約不適合があったことのみを通知するのでは不足ですが、契約不適合の内容とおよその範囲を通知すればよく、細目まで通知する必要はないと解されています。実務上、注文者としては、契約不適合があることを認識しながら通知をしないままに期間を徒過することがないよう、留意が必要です。また、上述のとおり、改正法637条の期間を当事者が任意に変更できるかについては解釈問題となるため、契約において1年を超える担保責

任の期間を設定した場合であっても、注文者としては、契約不適合を認識すれば速や
かに請負人に通知するようにすべきです。

　期間内に通知をした場合、注文者が行使できる履行追完請求権等の権利には、一般
の消滅時効の規定が適用されます。消滅時効期間は、主観的起算点（注文者が権利行
使できることを知った時）から5年、又は客観的起算点（権利行使できる時）から10年
です（改正法166①）。

第 6 章

その他の典型契約
（委任・寄託・雇用・組合契約）

108

第1　改正のあらまし

1　委　任

(1)　復受任者の選任等（受任者の自己執行義務）

いかなる場合に復受任者の選任が認められるかについては、民法104条を類推適用して、委任者の許諾を得た場合又はやむを得ない場合であると解されていましたが、改正法ではその旨明記されました（改正法644の2①）。

また、代理権を有する復受任者は、委任者に対してその権限の範囲内において、受任者と同一の権利を有し、義務を負うという、改正前民法107条2項（改正法106条2項）と同趣旨の規定が新たに規定されました（改正法644の2②）。

(2)　受任者の報酬

改正前民法648条3項では、（事務処理の労務に関して報酬が支払われる履行割合型を想定して）受任者の責めに帰することができない事由により委任事務の履行が中途で終了した場合は、既にした履行の割合による報酬請求ができるとされていました。しかし、受任者に帰責事由がある場合であっても、既に履行した事務処理がある以上、受任者による割合的な報酬請求を認めるべきと考えられます。

したがって、改正法648条3項では、①当事者双方の責めに帰することができない事由又は受任者の責めに帰すべき事由によって履行不能となった場合、②委任が解除された場合、③当事者の死亡等により履行の中途で終了した場合などについて、既にした履行の割合に応じて報酬を請求できることを規定しました。

なお、受任者に帰責事由がある場合は、受任者による割合的な報酬請求が可能な一方、受任者は、委任者に対して別途債務不履行に基づく損害賠償責任を負うことになります。また、委任者に帰責事由がある場合については、改正法536条2項前段の法意に従い、報酬請求ができる（ただし、受任者が自己の債務を免れたことによって利益を得たときはこれを委任者に返還する必要があります。）と解されます。

(3)　成果等に対する報酬

委任事務の履行による成果に対して報酬が支払われる成果報酬型の場合、仕事の完成に対して報酬を支払う請負契約に類似するため、報酬の支払時期及び割合的報酬請求について、請負と同様の規定が設けられました。

すなわち、報酬は、成果の引渡しと同時に支払われることが規定されました（改正法648の2①）。また、請負に関する改正法634条の規定を準用し、①委任者の責めに帰する

ことができない事由により委任事務の履行をすることができなかった場合、又は、委任が履行の中途で終了した場合で、②既にした委任事務の履行の結果のうち可分な部分の給付によって委任者が利益を受ける場合、委任者が受ける利益の割合に応じた報酬請求ができることが規定されました（改正法648の2②）。

　上記①は、履行割合型の通常の委任に適用される改正法648条3項と同趣旨ですが、成果報酬型の委任の場合、割合的報酬を請求するためには、上記②の要件も必要になります。

（4）　委任契約の任意解除権

　改正前民法651条では、委任は、各当事者がいつでも解除することができるとした上で、相手方に不利な時期に解除した場合（ただし、やむを得ない事由があるときを除きます。）の損害賠償義務についてのみ規定されていました。

　しかし、判例は、受任者の利益をも目的とする委任については、原則として、委任者は委任の解除をすることはできず（大判大9・4・24民録26・562）、例外的に、①やむを得ない事由がある場合（最判昭40・12・17裁判集民81・561）、②（やむを得ない事由がなくても）委任者が委任契約の解除権自体を放棄したものと解されない事情がある場合、委任契約を解除できるが、受任者に生じる不利益について損害を賠償しなければならないとしていました（最判昭56・1・19民集35・1・1）。

　そこで、改正法は、委任についてはいつでも解除できることを原則としつつ（改正法651①）、改正法651条2項において、㋐相手方の不利な時期に委任を解除したとき、あるいは、㋑委任者が受任者の利益（専ら報酬を得ることによるものを除きます。）をも目的とする委任を解除したときは、相手方の損害を賠償しなければならないとし、㋐か㋑に該当する場合でも、やむを得ない事由があった場合については、損害賠償義務を負わない旨規定しました。

　例えば、受任者に対して債務を負う委任者が、委任者が第三者に対し有する債権の取立てを受任者に依頼し、受任者が取り立てた金額を委任者に対する債権の弁済に充当することにより債権回収を確実にするような場合などは、まさしく「受任者の利益をも目的とする委任」に該当しますが、当事者間の契約で、委任者が委任を解除できない旨定められていることが多く、改正法651条1項を排除する合意も有効と解されています。また、委任契約に基づき受任者に支払われる報酬は、委任事務の対価であり、委任の事務処理によって得られる「利益」ではないと解されています。

　なお、委任契約を解除されなければ、受任者が得べかりし報酬については、「損害」に含まれないという最高裁判例（最判昭58・9・20判時1100・55）があるものの、例えば、

任期途中で会社役員を解任された場合の残存期間の報酬相当額の損害賠償等、損害と認められる場合もあり得るため、上記判例の明文化は見送られました。

2　寄　託

(1)　寄託契約の成立（要物性の見直し）

寄託は、受寄者が寄託者のために寄託物を受け取ることにより成立する要物契約とされていました（改正前民657）が、実務上、倉庫契約等においては、書面での諾成的寄託契約が広く締結されており、要物契約とする合理的な理由がないことから、当事者の一方がある物を保管することを相手方に委託し、相手方がこれを承諾したときに契約が成立するものとされました（改正法657）。

上記のとおり、諾成契約に改正されたことから、寄託物引渡し前に、各当事者が解除できるかについて、以下のように整理されました。すなわち、①寄託者は、受寄者が寄託物を受け取るまで契約の解除をすることが自由にできるが、受寄者に生じた損害を賠償する義務を負う（改正法657の2①）、②無報酬の受寄者は、寄託物を受け取るまで契約の解除をすることが自由にできるが、書面による無償寄託の場合は、解除することができない（改正法657の2②・550参照）、③有償の受寄者又は書面による無償の受寄者は、寄託物の受取時期を経過しても寄託者が寄託物を引き渡さず、相当期間を定めてその引渡しの催告をしてもなお引渡しがないときは、契約を解除できる（改正法657の2③）とされました。

(2)　受寄者の自己執行義務等

改正前民法658条では、寄託者の承諾がない限り、受寄者が寄託物を第三者に保管させることができないとされていましたが、硬直的で実務に支障が生ずるおそれがあるとの指摘を受けて、寄託者の承諾がない場合でも、やむを得ない事由があるときは、第三者へ寄託（再寄託）することが可能になりました（改正法658②）。

また、改正前民法658条2項では、再寄託をした場合の受寄者は、寄託者に対して、再寄託者の選任・監督責任のみを負う（改正前民105参照）とされていましたが、受寄者の責任が不当に狭く不合理であるとの指摘を受けて、再受寄者は、寄託者に対して、その権限の範囲内において、受寄者と同一の権利を有し、義務を負うこととし、履行補助者（再受寄者）の行為に基づく債務不履行の一般規定により処理することとしました（改正法658③）。

(3)　受寄者の通知義務、寄託物についての第三者による権利主張

改正前民法660条では、寄託物の所有権を主張する第三者から、受寄者に対して、寄

託物の引渡請求があった場合でも、受寄者は、寄託物を第三者に引き渡してはならないという理解を前提にした上、強制執行等により受寄者が強制的に寄託物の占有を奪われる場合については、寄託者に自らの権利を防御する機会を保障するため、受寄者は、寄託者に対して、遅滞なくその事実を通知する義務が定められていました。改正法660条は、上記の趣旨を明文化し、次のようなことが定められました。

① 寄託者が、寄託物に対して第三者の強制執行等がされていることを知っている場合については、受寄者は、上記通知義務を免除されること（改正法660①ただし書）

② 受寄者は、第三者が寄託物について権利を主張する場合でも、寄託者に寄託物を返還する義務があること（改正法660②本文）

③ 寄託者から指図があった場合や、受寄者が通知をし、又は上記①で通知を要しない場合において、寄託物を当該第三者に引き渡すべき旨を命じる確定判決や訴訟上の和解等に基づき引き渡したときは、寄託者への返還義務は免除されること（改正法660②ただし書）

④ 受寄者は、上記②で寄託者に寄託物を返還したことにより、第三者に生じた損害の賠償義務を負わないこと（改正法660③）

（4）　寄託者による返還請求等

寄託物について返還時期を定めたときであっても、寄託者はいつでも返還を請求できます（改正前民662①）が、返還時期の到来前に返還を請求したことによって、受寄者に損害が生じた場合は、受寄者が寄託者に損害の賠償を請求できるとの一般的な理解が明文化されました（改正法662②）。

（5）　損害賠償及び費用の償還請求権についての期間制限

従前より、倉庫営業に関して、寄託者の倉庫業者に対する損害賠償請求権については、出庫日より1年に制限されるなど（改正前商626）しており、また、賃貸借契約や使用貸借契約における借主に対する損害賠償請求権及び借主が負担した費用償還請求権は、貸主が返還を受けたときから1年以内に請求しなければならない（改正前民621・600）とされていたところ、債権債務関係の早期処理の趣旨は、寄託一般にも妥当するため、寄託物の一部滅失又は損傷（全部滅失の場合は除きます。）によって生じた損害の賠償及び受寄者が支出した費用の償還に関して、寄託物の返還を受けたときから1年以内に行使する必要がある旨の規定が設けられました（改正法664の2①）。

また、上記のうち寄託者の損害賠償請求権については、寄託期間中に10年間の消滅時効（改正法166①二）が完成する可能性があるため、寄託物の返還を受けてから1年を経過するまでは消滅時効は完成しないものとされました（改正法664の2②）。

(6)　混合寄託

　混合寄託とは、複数の寄託者から、種類及び品質が同一で代替性のある寄託物を受託して保管し、寄託された物と同じ数量の物を返還することであると一般的に理解されていますが、寄託物と同一の物を返還する義務を負わない点で通常の寄託と異なり、受寄者が寄託物の処分権を有しない点で、消費寄託（改正法666）とも異なるため、混合寄託の規律が明文化されました（改正法665の2①②）。

　また、寄託物の一部が滅失した場合、各寄託者は、混合して保管されている総寄託物に対する寄託した物の割合に応じた物の返還請求権を有するとされた一方、減少分に関して、受寄者に対して損害賠償を請求できることが明文化されました（改正法665の2③）。

(7)　消費寄託

　消費寄託は、受寄者が契約により寄託物を消費でき、寄託されたものと種類・品質及び数量の同じものを寄託者に返還することを意味しますが、その要件・効果が改正法666条1項で明文化されました。また、改正前民法では、消費貸借契約の規定を準用していましたが、消費寄託の利益は、寄託物を自ら保管する危険を回避したい寄託者にあるため、一部の規律を除き、原則として寄託の規定が適用されることになりました。

　もっとも、消費貸借における貸主の引渡義務の規定（改正法590）及び借主が貸主から受け取った物と種類、品質、数量の同じ物を返還できない場合の価額賠償義務（民592）については、引き続き消費貸借の規定を準用することとしました（改正法666②）。

　また、預貯金契約については、従来どおり、返還時期の合意の有無にかかわらず、受寄者である銀行等から、（やむを得ない事由がなくても）いつでも寄託物（預貯金）を返還できるとされました（改正法666③・591②）。これは、預貯金契約は、受寄者である銀行等が預かった金銭を運用することを前提としており、受寄者にとっても利益がある点で、もっぱら寄託者の利益を目的とする消費寄託契約とは異なるため、やむを得ない事由（改正法663②）は不要と考えられるためです。

3　雇　用

(1)　履行の割合に応じた報酬

　従前より、雇用契約に関し、報酬は後払いが原則であり、期間によって定められた報酬は、期間経過後に請求できる旨定められていました（民624）が、労務の履行が中途で終了した場合等における報酬請求権の存否や範囲については明文の定めがありませ

んでした。しかし、使用者の責めに帰することができない事由（例えば、労働者が私病のため労務の提供ができないとか、退職したような場合）によって、労務の提供が中途で終了した場合においても、既にした履行の割合（一連の労務全体について報酬が支払われる場合は、労務全体に対する履行した労務の割合を、期間をもって報酬が定められた場合は、約定の期間に対する履行した期間の割合を、それぞれ意味します。）に応じて報酬を請求することができる旨明文化されました（改正法624の2）。

使用者の責めに帰するべき事由によって、労務提供が不能となった場合の取扱いについては、明文化されていませんが、従前と同様、労働者は、報酬請求権を失わないと解されます（改正法536②類推適用）。

もっとも、同族の親族のみを使用する事業及び家事使用人などの例外を除き、ほとんどの労働者に労働基準法が適用され（労基116②参照）、賃金は毎月支払うことが義務づけられていること（労基24②）、また、完全月給制を採用しない会社の就業規則では、私病のために欠勤したような場合は、その分給与が控除される定めになっていることが大半のため、実務に大きな影響を与えるものではありません。

（2）　期間の定めのある雇用の解除

改正法626条では、雇用の期間が5年を超える労働契約、あるいは、一定の事業の完了に必要な期間を定める労働契約等、その終期が不確定であるときは、当事者の一方は、5年を経過した後、いつでも契約の解除をすることができることを規定しました。また、労働者からの解約申入れの予告期間を3か月から2週間に短縮することにより、長期の契約から労働者を早期に解放できるようにしました。

労働契約の期間は最長でも5年に制限されています（労基14①）が、「一定の事業の完了に必要な期間を定める場合」については、5年を超えることがあり、本条の適用を受けます。なお、使用者からの解除の場合、従前と同様、3か月の予告期間に加え、原則として（労契21参照）、やむを得ない事由がある場合でなければ、期間途中で解除をすることができません（労契17①）。

（3）　期間の定めのない雇用の解約の申入れ

改正前民法627条1項では、各当事者は2週間前までに申入れをすることにより、いつでも解約することができるとされていましたが、これは、改正法でも維持されています。一方、使用者、労働者共に、期間によって報酬を定めた場合は、当期の前半に解約の申入れをすることにより、次期以降にすることができ（改正前民627②）、6か月以上の期間について報酬を定めた場合は、3か月前に解約申入れをする必要がある（改正前民627③）と定められていましたが、改正法では、使用者からの解約の場合に限定され、

労働者からの解約については、2週間前までに行えば足りることとされました。

　なお、労働基準法が適用される労働契約については、従前と同様、労働基準法20条（解雇の予告）が適用されるため、本条の適用は排除されると解されます。

4　組　合
(1)　他の組合員の債務不履行

　従来より、組合契約の団体法的性格に鑑みれば、組合員は、他の組合員に組合契約上の債務不履行（例えば、出資債務を履行しないなど）があった場合でも、他に債務を履行していない組合員がいることを理由に同時履行の抗弁権（改正前民533）を主張して履行を拒絶することはできず、また、他の組合員の債務が履行不能となったことを理由に、自己の債務履行を拒絶できないと解されていましたが、改正法667条の2第1項でその旨明文化されました。

　また、従来より、やむを得ない事由があるときに限り解散請求できる（民683）とされているほか、組合契約の終了に関しては、組合員の脱退（民678・679）や除名（民680）等の規定があることから、他の組合員の債務不履行があっても、契約の解除に関する総則規定の適用はないと解されていました（大判昭14・6・20民集18・666）が、改正法667条の2第2項でその旨明文化されました。

(2)　組合員の一人についての意思表示の無効等

　従来より、組合員の一人の意思表示について無効又は取消しの原因があった場合、組合契約全体の効力が否定されてしまうと、他の組合員の契約の目的が達せられず、組合と取引関係に入った第三者の利益を害することから、そのような場合でも、組合契約全体の効力が妨げられないと解されていましたが、改正法667条の3でその旨明文化されました。

　また、意思表示に無効・取消原因のある組合員が既に出資していた場合は、当該組合員は、組合に対してその返還を求めることができると解されています（部会資料75A 44頁）。なお、任意規定なので排除可能です。

(3)　業務の決定及び執行の方法

　改正前民法では、組合に業務執行権があるのか否か、組合の業務の決定と執行を委任する方法等について不明確であったため、改正法670条では、以下のように定められました。

①　業務執行者がいない場合、組合の業務は組合員の過半数で決定し、各組合員がこれを執行すること（改正法670①）

② 　組合の業務の決定及び執行について、組合契約の定めるところにより、一人又は数人の組合員又は第三者（＝業務執行者）に委任できること（改正法670②）

③ 　業務執行者が数人あるときは、その過半数をもって決定し、各業務執行者がこれを執行すること（改正法670③）

④ 　業務執行者がいる場合でも、総組合員が、業務を決定し、執行することもできること（改正法670④）

⑤ 　（改正前民法670条3項と同様）組合の常務については、他の組合員又は業務執行者が異議を述べない限り、各組合員又は業務執行者が単独で行うことができること（改正法670⑤）

(4)　組合の代理

組合は法人格を有しないため、第三者との間で法律行為を行う場合は、代理の形式を用いるのが一般的ですが、改正前民法では、組合代理に関する規定がなかったため、改正法670条の2で、以下のとおり規定されました。

① 　各組合員が他の組合員を代理して業務を執行する場合は、組合員の過半数の同意が必要であること

② 　業務執行者がいるときは、業務執行者のみが組合員を代理し、業務執行者が複数いるときは、業務執行者の過半数の同意を得て、組合員を代理することができること

③ 　組合の常務に関して、上記①②にかかわらず、各組合員又は各業務執行者が単独で代理できること

なお、表見法理の適用もあります。

(5)　組合債権者の権利の行使

組合財産及び各組合員固有の財産が組合債権者に対する引当てとなることを前提に、組合債権者は、組合財産に対して、その権利を行使できることが明文化されました（改正法675①）。

また、組合債権者は、各組合員に対して、債権発生時点で組合内の損失分担割合を知っている場合はその割合で、損失分担割合を知らない場合は、①組合内の損失分担割合か、②均等割合かを選択の上、権利行使ができることが明文化されました（改正法675②）。

(6)　組合員の持分の処分及び組合財産の分割

従来より、組合財産に属する債権は、総組合員が共同してのみ行使することができ、個々の組合員が組合財産である債権を自己の持分に応じて分割することができないと

解されていました（大判昭13・2・12民集17・132参照）が、組合員は、組合財産である債権について、自己の持分についての権利を単独で行使できない旨明文化されました（改正法676②）。

(7)　組合財産に対する組合員の債権者の権利の行使の禁止

改正前民法677条では、組合の債務者が組合員に対して債権を有する場合に、その債権債務の相殺を禁止していましたが、従来より、相殺に限らず、組合債権者の差押え・仮差押えを含む一切の権利行使ができないと解されていたところ（改正前民676①参照）、組合員の債権者は組合財産についてその権利を行使することができない旨明文化されました（改正法677）。

(8)　組合員の加入

従前より、組合成立後であっても、新たな組合員の加入は可能であるとされていた（大判明43・12・23民録16・982）ところ、組合員全員の同意又は組合契約により新たに組合員を加入させることができる旨明文化されました（改正法677の2①）。

また、従来より、組合員が加入前の組合債務については、（加入により取得した組合財産の持分については当然に引当ての対象となるものの）自己の固有財産を引当てとする責任を負わないと解されていたところ、その旨明文化されました（改正法677の2②）。

(9)　脱退した組合員の責任

従前より、脱退組合員は、脱退前の組合の債務について、従前の責任の範囲内で、弁済する責任を負うと解されていましたが、その旨明文化されました（改正法680の2①前段）。

また、委託を受けた保証人の事前求償権に関する規律（改正前民461①）に準じて、脱退組合員は、債権者が全額の弁済を受けない間は、組合に対して、担保の提供又は免責を請求する権利を有する旨規定されました（改正法680の2①後段）。

また、脱退組合員が、脱退時に、組合債務をマイナスの資産として計上して持分の払戻額を計算（民681①）し、払い戻した場合、他人である組合の債務を自己の固有財産を用いて弁済したことになるため、組合に対する求償権を有することが規定されました（改正法680の2②）。

ただし、脱退後も債権者に対して、固有財産を引当てとした責任を負い続けることを想定して、通常より多額の払戻しがされた場合には、他人の債務ではなく、自己の債務として組合債務の履行をする旨の合意がされていたと考えられることから、求償権は発生しないと解されます。

（10）　組合の解散事由

改正前民法682条では、解散事由として、その目的である事業の成功又はその成功の不能による場合しか規定されていませんでしたが、組合契約で定めた存続期間が満了した場合、組合契約で定めた解散の事由が発生した場合、総組合員の同意がある場合についても、解散事由に追加されました（改正法682二〜四）。

5　経過措置

改正法が適用されるのは、改正法施行後に新たに締結された委任、寄託、雇用、組合の各契約であり、改正法施行日前に締結されたこれらの契約については、引き続き、改正前民法が適用されます（改正法平29法44附則34①）。

第2　見直し条項

契約書名	見直し条項
1　委任契約書	[1] 中途終了時の報酬請求権
2　寄託契約書	[1] 寄託物受取り前の寄託契約の解除 [2] 消費寄託契約（預貯金契約を除く。）の期限前の返還
3　組合契約証書	[1] 脱退した組合員の責任等

※なお、「雇用契約書」については、見直し条項はありません。

1　委任契約書

1−1　中途終了時の報酬請求権

> **新**（受任者の報酬）
> 第〇条　当事者双方の責めに帰することができない事由により委任事務の履行をすることができなくなったとき、あるいは、解除・委任の終了（民法第653条）により委任が履行の中途で終了した場合、受任者は、委任者に対して、既にした履行の割合に応じて報酬を請求することができる。
> 2　受任者の責めに帰すべき事由により委任事務の履行をすることができなくなった場合、委任者は、受任者に対して、損害賠償請求をすることができるとともに、委任者が受任者に対して支払うべき報酬と対当額で相殺することができる。
> 3　委任者の責めに帰すべき事由により委任事務の履行をすることができなくなった場合、
> 〔パターン①〕　受任者は、第〇条の報酬全額を請求することができる。ただし、受任者が履行を免れたことにより生じた利益を控除するものとする。
> 〔パターン②〕　第1項の規定にかかわらず、履行の割合、委任者の帰責性の程度、受任者が履行を免れたことにより生じた利益等を勘案し、双方協議の上、受任者の報酬額を定める。

＜条項例のポイント＞

　改正法では、受任者の責めに帰すべき事由により委任の途中で履行が終了した場合でも、受任者は、割合的な報酬請求が可能である旨明記されました（改正法648③）。上記条項例では、改正法648条3項の規定を反映させるとともに、委任が中途で終了した事由ごとに、報酬請求できる範囲や方法を規定しています。

＜実務上のアドバイス＞

　委任者の責めに帰すべき事由による履行不能の場合については、明文化されておらず、従前どおり、民法536条2項の解釈に委ねられているため、上記条項例第3項の〔パターン①〕あるいは〔パターン②〕のような定めをすることが考えられます。

2　寄託契約書

2-1　寄託物受取り前の寄託契約の解除

旧 （寄託取消し及び寄託契約の解除）

第○条　受寄者が寄託者からの寄託の申込みを承諾し又は寄託の申込みを承諾した寄託物の引渡しを受けた後でも、次の事由があるときは、受寄者は承諾を取り消し又は契約を解除することができる。

① 　第○条（寄託禁止条項）に抵触することが明らかになったとき

② 　約定の日時までに寄託物の引渡しがないとき

③ 　寄託物の価額がその保管料その他の費用に満たなくなったとき

④ 　寄託者が正当な事由がなく寄託物の検査を拒絶したとき

2 　寄託者が受寄者に寄託物を引き渡した後、受寄者が前項による解除をしたときは、寄託者は、遅滞なく保管料、荷役料、立替金その他の費用を支払い、受寄者が定める期間内に寄託物を引き取らなければならない。

3 　受寄者は、第1項の承諾の取消し又は解除をしたことによる損害については、責任を負わない。

4 　受寄者は、第2項の期間を経過した後は、寄託物について生じた損害については、責任を負わない。

新 （寄託契約の解除）

第○条　寄託者は、寄託の申込みを受寄者が承諾した後、寄託物を引き渡す前までに限り、寄託契約を解除することができる。ただし、寄託者は、受寄者に対して、契約成立日から解除日までの寄託物の保管料相当額の賠償をしなければならない。

2 　受寄者は、寄託者の寄託申込みに対して承諾した寄託物の引渡日を経過しても、寄託者が寄託物を引き渡さない場合において、相当の期間を定めてその引渡しの催告をし、その期間内に引渡しがないときは、契約の解除をすることができる。

＜条項例のポイント＞

　従来より、倉庫寄託約款等では、諾成的寄託契約が前提となっており、寄託契約の成立後、寄託物の引渡し前の間でも、一定の事由が生じた場合には、受寄者が契約を解除できる旨の規定がされていました。

　改正法657条の2第1項で、寄託物の引渡し前であれば、寄託者からいつでも解除できるが、解除によって受寄者に損害が生じた場合、受寄者は寄託者に対して損害賠償をすることができる旨規定されました（改正法657の2①）。

　寄託者が賠償すべき損害の範囲は、解除がなければ受寄者が得られた利益から、受寄者が寄託物の引受けや保管等の義務を免れたことによる利益を控除後のものと解されています。

　もっとも、受寄者としては、具体的な損害を立証することは容易ではなく、また、寄託者としても解除権を行使するに際して、どの程度の損害賠償を受けるか予測ができないため、受寄者が寄託者に請求できる違約金額を明記する例を示しています。

　また、従来の約款等においても、寄託契約の成立後、約定の引渡日までに寄託物の引渡しがない場合、受寄者が解除できる旨の規定がされていましたが、改正法657条の2第3項で解除の要件が明記されたため、その旨追記したものです（改正法657の2③）。

＜実務上のアドバイス＞

　上記条項例[新]第1項は、寄託者が引渡し前に契約解除した場合に負担するべき損害賠償額について具体的な算定式を明示したものですが、実際に発生した損害の有無・内容にかかわらず、一定の金銭を支払う旨の合意も有効と考えられます（改正法420）。

　ただし、損害賠償金額が過大なものとなる場合、公序良俗に反して無効（改正法90）となったり、消費者契約法が適用されるケースでは、消費者の利益を一方的に害する条項に該当し、無効であるとされる可能性があることにも留意が必要です（消費契約10）。

2－2　消費寄託契約（預貯金契約を除く。）の期限前の返還

旧 （寄託物の返還時期）
第○条　本件寄託物の返還時期は、○年○月○日とする。

新 （寄託物の返還時期）
第○条　本件寄託物の返還時期は、○年○月○日とする。
　　　　ただし、受寄者は、上記返還時期にかかわらず、寄託者に対して、○日
　　　前に通知することにより、いつでも寄託物を返還できるものとする。

＜条項例のポイント＞

　上記条項例は預貯金契約を除く消費寄託契約を念頭にしたものですが、従来は、返還時期の合意がある消費寄託契約においては、受寄者が期限の利益を放棄して、いつでも寄託物を返還できると解されていました（改正前民136②）。

　しかし、改正法では、寄託一般の規定が適用されることになったため、従来どおり、受寄者が、期限前に返還するためには、「やむを得ない事由」が必要となりました（改正法663②）。そこで、当事者間の特約で、やむを得ない事由がなくても、いつでも返還できる条項を定めています。上記条項例では、民法上の制約ではありませんが、寄託者の利益にも配慮して、返還する前に、寄託者に通知することを定めています。

＜実務上のアドバイス＞

　上記のとおり、特約により改正法663条2項の適用を排除することは可能ですが、寄託者が消費者で、かつ、期限前の返還を受けることにより、寄託者の利益を一方的に害するような場合は当該特約が無効とされる可能性（消費契約10）がある点は留意が必要です。

3　組合契約証書

3－1　脱退した組合員の責任等

> **新**　（脱退した組合員の責任等）
>
> 第〇条　脱退した組合員は、その脱退前に生じた組合の債務について、従前の責任の範囲内でこれを弁済する責任を負う。
>
> 　　ただし、第〇条の規定に基づき、脱退時における組合の財産の状況に応じて持分の払戻額を計算し、これを精算した者については、免責する。
>
> 2　前項の場合において、債権者が全額弁済を受けない間は、脱退した組合員（前項により免責された者は除く。）は、組合に担保を供させ、又は組合に対して自己に免責を得させることを請求することができる。
>
> 3　脱退した組合員は、第1項に規定する組合の債務を弁済したときは、組合に対して求償権を有する。

＜条項例のポイント＞

　上記条項例では、脱退した組合員の責任等を規定する改正法680条の2を反映させています。原則として、脱退前の組合員は、脱退前の組合の債務について、組合財産の持分と自己の固有財産を引当てとする弁済責任を負っています。しかし、脱退時には、脱退時の組合の財産の状況（負債については、マイナスの資産として計上）に応じて、持分の払戻しを行って精算を完了した組合員についてまで、脱退後も引き続き責任を負わせるのは相当ではないため、免責する旨の規定を設けています。

第 7 章

保証に関する契約

第1　改正のあらまし

1　個人根保証契約の制限

　改正前民法は、保証契約について書面ですること（改正前民446②）や、金銭の貸渡し又は手形の割引を受けることによって負担する債務（＝貸金等債務）が含まれる根保証契約（＝貸金等根保証契約）については極度額を定めないと無効であること（改正前民465の2②）などを除けば、保証について特段の制限はありませんでした。

　しかし、改正法では、個人による根保証契約一般については、貸金等債務が主たる債務に含まれる根保証に限らず、全て極度額を定めなければ無効となります（改正法465の2）。すなわち、賃貸借契約における根保証や身元保証契約における根保証等についても極度額の設定が必要になります。

　また、以下の①～③の事由が生じた場合、個人根保証契約の元本は確定し、以後に発生した債権について保証履行を求めることはできません（改正法465の4①）。

　貸金等根保証契約の場合は、従来と同様、①～③に加えて、④⑤の事由が生じたときも元本が確定します。個人根保証契約において、④⑤が元本確定事由とされていないのは、例えば、賃貸借契約の賃借人が破産したからといって、賃貸人は直ちに賃貸借契約を解除することができず、目的物を賃貸し続ける場合があるにもかかわらず、元本が確定し、以後の賃料債務について保証が及ばないとするのは賃貸人に酷であり、公平を欠くからです。

① 　保証人の財産に強制執行又は担保権の実行を申し立てたとき（ただし、強制執行又は担保権実行の手続が開始されたときに限ります。）

② 　保証人が破産手続開始決定を受けたとき

③ 　主たる債務者又は保証人が死亡したとき

④ 　主たる債務者の財産に強制執行又は担保権の実行を申し立てたとき（ただし、強制執行又は担保権実行の手続が開始されたときに限ります。）

⑤ 　主たる債務者が破産手続開始決定を受けたとき

　さらに、貸金等根保証契約の場合、従来どおり、5年を超える元本確定期日を定めても、元本確定期日の定めはないものとみなされ、元本確定期日の定めがない場合は、契約締結日から3年で元本が確定する等と規定（改正法465の3）されていますが、個人根保証契約のうち、貸金等債務を含まないものについては、上記賃貸借契約で生じる不都合等を回避するため、適用されません。

2　公正証書による保証意思の確認（事業のための貸金等を主たる債務とする場合）

　事業のために負担する貸金等債務を主たる債務とする保証契約又は主たる債務の範囲に事業のために負担する貸金等債務が含まれる根保証契約は、保証人となろうとする者（個人の場合に限られます。）が、契約の締結に先立ち、公正証書により、保証債務を履行する意思を表示しなければ、効力が生じないこととされました（改正法465の6①③）。この公正証書は、契約締結日前1か月以内に作成される必要があり、書面の作成方式も厳格に定められています（改正法465の6②）。

　被保証債務は、「消費貸借契約」及び「手形の割引」を受けることによって負担する債務（貸金等債務）のうち、事業性資金を被保証債務とする場合（根保証契約の場合は、主たる債務の範囲に事業のために負担する貸金等債務が含まれる場合）のみです。すなわち、貸金等債務であっても個人の住宅ローン等、非事業性の債務や、事業性のある債務であっても、貸金等債務に関するもの以外は、制限の対象ではありません。

　また、公正証書には、主たる債務及び保証債務の内容のみならず、当該保証債務を履行する意思を表示します。公正証書の作成時点で、貸付時の金利等が確定していない場合や様々なオプションが付された契約の場合は、一定の幅を持った条件であることを明確にする等の工夫が必要になると思われます。

　ただし、以下の者が個人保証をする場合は、公正証書を作成する必要がありません。すなわち、その個人が、主たる債務者である法人の理事・取締役・執行役や、総株主の議決権の過半数を保有する株主、主たる債務者と共同して事業を行う者又は主たる債務者が行う事業に現に従事している主たる債務者の配偶者などである場合には適用されません（改正法465の9）。これらの者については、従来どおり、書面要件のみで保証契約を締結することができます。

3　保証人に対する情報提供義務

　保証人を保護するため、債権者あるいは主たる債務者に対して、以下のような保証人に対する情報提供義務が定められました。

（1）　契約締結時

　保証人（法人である場合を除きます。）が、主たる債務者から委託を受けて、事業のために負担する債務を主たる債務とする保証又は主たる債務の範囲に事業のために負担する債務が含まれる根保証をするときは、保証契約を締結する際、主たる債務者から保証人に対して、①主たる債務者の財産及び収支の状況、②主たる債務以外に負担

している債務の有無並びにその額及び履行状況、③主たる債務の担保として他に提供し、又は提供しようとするものがあるときは、その旨及びその内容に関する情報を提供しなければなりません（改正法465の10①③）。

　保証の対象となる主たる債務は、事業のために負担する債務に限定されますが、保証人が、取締役・支配株主・共同事業者・配偶者等の場合でも保証人に対する情報提供義務があることに留意する必要があります（改正法465の9参照）。

　主たる債務者が、上記情報を提供せず、又は、事実と異なる情報を提供した場合、保証人は、その事項について誤認し、保証契約を締結した場合で、かつ、情報提供義務に違反したことを債権者が知り又は知ることができたときは、保証契約を取り消すことができる旨規定されました（改正法465の10②）。

（2）　保証人が請求したとき（委託がある場合）

　保証人（個人・法人を問いません。）が主たる債務者の委託を受けて保証をした場合、保証人の請求があったときは、債権者は、保証人に対して、遅滞なく、主たる債務の元本、利息、損害賠償、その他主たる債務に関する全ての債務（民447参照）についての不履行の有無、残額、履行期限の徒過の有無を通知する必要があります（改正法458の2）。

（3）　債務者が期限の利益を喪失したとき

　主たる債務者が期限の利益を喪失したとき、債権者は、期限の利益の喪失を知った時から2か月以内に保証人（法人である場合は除きます（改正法458の3③）。）に通知する必要があります（改正法458の3①）。

　債権者が2か月以内に通知しなかった場合、債権者は保証人に対し、主たる債務者が期限の利益を喪失した時から上記通知を現にするまでに生じた遅延損害金（期限の利益を喪失しなくても生じるものは除きます。）に係る保証債務の履行を請求できません（改正法458の3②）。

4　連帯保証人について生じた事由の効力

　改正前民法は、連帯保証人について生じた事由の主たる債務者に対する効力については、連帯債務の規定（改正前民434〜440）を準用しており（改正前民458）、連帯保証人について生じた事由の多くが主たる債務者についても効力を及ぼすとされていました。

　しかし、連帯保証契約は債権者と連帯保証人との間で締結されるため、主たる債務者と連帯保証人との間には何らの人的関係が認められない場合があり、そのような場合にまで、連帯保証人に対して生じた事由が主たる債務者に効力を及ぼすとすれば、主たる債務者に不測の損害を与えかねません。

　そこで、改正法では、履行の請求、免除、時効の完成については、主たる債務者に対して効力を生じない（なお、更改（改正法438）、相殺（改正法439①）、混同（改正法440）については従来どおり主たる債務者に対しても効力を生じます。）こととされました（改正法458）。

　そのため、連帯保証人に対して裁判上の請求をしても、主たる債務の時効の完成猶予（改正前民法における時効の中断）の効果は発生しません。したがって、債権者と主たる債務者との間で、連帯保証人に対して生じた事由が主たる債務者にも効力を生じることを別途合意しておく必要があります。

5　保証人の求償権に関する規定の整備

　上記のほか、保証人の求償権に関して、以下のような改正が行われています。

①　委託を受けた保証人が弁済をした場合の事後求償権の額を、支出した財産の額（ただし、消滅した債務の額を超える場合は、その消滅した額）とすること（改正法459①）

②　委託を受けた保証人の事後求償権について、主たる債務の弁済期の到来前に弁済をした場合の事後求償権の範囲及び時期を制限すること等（改正法459の2）

③　委託を受けた保証人の事前の求償権について、実情に合わせた改正（改正法460）

④　委託を受けない保証人の求償権についての改正（改正法462）

⑤　通知を怠った保証人の求償権の制限等（改正法463）

　保証契約に関する改正は、原則として改正法の施行日から施行されます（改正法平29法44附則1）。

6　経過措置

　改正法が適用されるのは、改正法施行後に新たに締結された保証契約に係る保証債務であり、改正法施行日前に締結された保証契約については、引き続き、改正前民法が適用されます（改正法平29法44附則21①）。

　例えば、賃貸借契約に伴って保証契約が締結された場合、一般的には、賃貸借契約が合意更新された場合を含めて、その賃貸借契約から生じる賃借人の債務を保証することを目的とするものであると解され、賃貸借契約の更新時に新たな保証契約が締結されるものではありませんので、改正法施行後に賃貸借契約が合意更新された場合、賃貸借に関する規定については改正法が適用されますが、保証に関する規定は、改正前民法が適用されます。

　また、事業のために負担した貸金等債務を主たる債務とする保証契約に係る保証債務の保証人になろうとする者（改正法465の6①）は、改正法の施行日前においても、公正証書の作成を嘱託することができ（改正法平29法44附則21②）、公証人は、当該嘱託があった場合、施行日前においても、保証意思確認の公正証書を作成することができます（改正法平29法44附則21③）。

第2　見直し条項

契約書名	見直し条項・書面
1　特定保証契約書（委託がある場合）	1 保証人に対する情報提供義務（保証人から請求があった場合） 2 保証人に対する情報提供義務（主たる債務者が期限の利益を喪失した場合） 3 連帯保証人に対して生じた事由の効力
2　貸金保証契約書（経営者以外の保証人の公正証書による意思確認を経た場合）	1 契約締結時の情報提供義務 2 公正証書による保証債務履行意思の確認
3　根保証契約書	1 極度額の設定 2 元本確定事由の設定 3 事業のための借入れでないことの確認

1　特定保証契約書（委託がある場合）

1－1　保証人に対する情報提供義務（保証人から請求があった場合）

新（主たる債務の履行状況についての情報提供）

第〇条　債権者は、主たる債務者の委託を受けた保証人から、主たる債務の元本、利息、違約金、損害賠償、その他その債務に従たる全てのものについて不履行の有無並びにこれらの残額及びそのうち弁済期が到来しているものの額に関する情報の全部又は一部についての開示請求が書面にてあったときは、保証人に対し、債権者が書面を受領した日から〇営業日以内に、開示請求のあった事項に関する情報を提供するものとする。ただし、債権者が、合理的な理由により上記期日までに開示できないときは、保証人に対してその旨通知するとともに、合理的な期間内に開示すれば足りるものとする。

＜条項例のポイント＞

改正前民法においては、債権者において、主たる債務の履行状況に関する情報を保証人に提供する義務はありませんでしたが、上記条項例では、新たに情報提供義務に関する改正法458条の2の規定を反映させています。保証人からの請求については、どの範囲の事項の開示を求めるのか明確にしてもらうべく、書面での開示を求める条項としています。また、改正法上は、「遅滞なく」情報提供する必要がありますが、多数の貸付けがある場合には、回答までに一定の時間が掛かる可能性があることから、債権者にとって実際上可能な回答期限を明記するとともに、合理的な理由がある場合には、期限を徒過しても、合理的な期間内に開示すれば足りる条項にしています。

＜実務上のアドバイス＞

情報提供を求めることができるのは、主たる債務者から委託を受けて保証した保証人に限定されますが、個人か法人かは問わず、また、主たる債務が事業性資金か否かも問いません。

債権者が、この情報提供義務に違反した場合の効果について、改正法では触れられていませんが、一般的な債務不履行として損害賠償義務を負う場合があり得ると思われます。

1－2　保証人に対する情報提供義務（主たる債務者が期限の利益を喪失した場合）

新（主たる債務者が期限の利益を喪失した場合における情報提供）

第○条　債権者は、保証人（ただし、個人の場合に限る。）に対し、主たる債務者が期限の利益を喪失したことを知った時から2か月以内に、その旨通知しなければならない。

　　債権者が上記通知を怠った場合、債権者は、保証人に対し、主たる債務者が期限の利益を喪失した時から、上記通知を現にするまでに生じた遅延損害金（期限の利益を喪失しなかったとしても生ずべきものを除く。）に係る保証債務の履行を請求することができない。

＜条項例のポイント＞

　改正前民法においては、主たる債務者が期限の利益を喪失した場合に債権者が保証人に対してその旨情報提供する義務はありませんでしたが、上記条項例では、かかる情報提供義務に関する改正法458条の3の規定を反映させています。

＜実務上のアドバイス＞

　通知の対象となるのは、個人の保証人のみですが、主たる債務者から委託を受けていたか否かは問いません。また、主たる債務が事業性資金か否かも問いません。

　債権者も主たる債務者が期限の利益を喪失したことを知らない間は、2か月の期間は進行しませんが、知った時から2か月以内に、保証人に通知が到達する必要があります。したがって、保証人が所在不明の場合などは、公示による意思表示（民98）と同様の方法で通知をする必要があります。

1－③　連帯保証人に対して生じた事由の効力

> 新 （連帯保証人に対する請求の効力）
> 第○条　連帯保証人に対する履行の請求は、主たる債務者に対しても、その効力を生じるものとする。

＜条項例のポイント＞

　改正法では、当事者が別段の意思表示をした場合を除き、連帯保証人に対する履行の請求は、主たる債務者に対して効力を生じないこととされたため（改正法458・441）、上記条項例のとおり、債権者と主たる債務者との間で、あらかじめ、連帯保証人に対する履行請求は、主たる債務者に対して効力を有する旨合意する条項を新設しました。

＜実務上のアドバイス＞

　この条項を定めておかないと、例えば、主たる債務者が行方不明となって連絡が取れなくなった場合、連帯保証人に対して履行の請求をしたとしても、その効力が主たる債務者に及ばないため、主たる債務者に対する消滅時効の完成猶予（改正法147①一・150①）をすることができません。

　この条項に関する改正法の規定は、施行日以降に締結された連帯保証契約に係る連帯保証債務に適用されますが、改正法の施行を待つ必要はなく、準備でき次第、契約書を改定することが望ましいといえます。

2　貸金保証契約書（経営者以外の保証人の公正証書による意思確認を経た場合）

2−1　契約締結時の情報提供義務

①　契約締結時の情報提供義務に関する条項

新　（契約締結時の情報提供義務）

第○条　主たる債務者は、本契約に先立ち、連帯保証人になろうとする者（個人の場合に限る。）に対して、以下の事項に関する情報を提供しなければならない。

①　主たる債務者の財産及び収支の状況

②　主たる債務以外に負担している債務の有無並びにその額及び履行状況

③　主たる債務の担保として他に提供し、又は提供しようとするものがあるときは、その旨及びその内容

＜条項例のポイント＞

改正前民法においては、主たる債務者が保証人となろうとする者に対してどのような情報を提供し、説明するべきかについての規定はありませんでしたが、上記条項例では、かかる情報提供義務に関する改正法465条の10の規定を反映させています。

＜実務上のアドバイス＞

事業のために負担する債務を主たる債務とする保証、あるいは、主たる保証の範囲に、事業のために負担する債務が含まれる根保証の委託をする場合で、保証人が個人の場合に、上記情報提供義務が生じます（改正法465の10①③）。

あくまでも、情報提供義務を負うのは、主たる債務者であって、債権者ではありません。

しかし、主たる債務者が、提供すべき情報を提供せず、又は、虚偽の情報提供をしたような場合において、個人の保証人がその旨誤信して保証契約を締結し、かつ、債権者が主たる債務者の情報提供義務違反を知ることができたような場合には、保証人から保証契約の取消しを求められるリスクがあるため（改正法465の10②）、後記条項例②のとおり対応が必要です。

② 主たる債務者・保証人に表明保証義務を課す条項

> 新 （表明保証）
>
> 第○条　主たる債務者あるいは連帯保証人は、債権者に対して、以下のとおり表明し、保証します。
> ① 主たる債務者は、連帯保証人に対し、本契約に先立ち、第○条各号記載の情報を漏れなく正確に提供したことを表明し、保証します。
> ② 連帯保証人は、本契約に先立ち、主たる債務者から、第○条各号記載の主たる債務者に関する情報について説明を受け、主たる債務者の財産・負債・収支の状況等について理解したことを表明し、保証します。

＜条項例のポイント＞

　上記条項例では、主たる債務者が、連帯保証人に対して、改正法465条の10に定める情報提供を履行したことについて、連帯保証人も、主たる債務者から上記情報提供を受けて正確に理解したことを、債権者に対して表明保証する条項を規定しています。

　債権者が連帯保証人に対して情報提供義務を負っているわけではないものの、上記のとおり、もし、連帯保証人から、主たる債務者の情報提供義務違反を理由に、保証契約の取消しを求められた場合、債権者として、情報提供義務違反を知ることができなかったことについて過失がないと主張する際の補強材料にするための条項です。

＜実務上のアドバイス＞

　上記の表明保証条項を設ければ、常に債権者が免責されるとは限らないため、個別の事案によっては、主たる債務者が保証人に情報提供する場に債権者も立ち会うことも含め、慎重に検討する必要があります。

2-2 公正証書による保証債務履行意思の確認

新 （連帯保証債務の場合の公正証書）

　本公証人は、甲（保証人となろうとする者）の嘱託により、下記の趣旨の口授を筆記し、この証書を作成する。

記

第1条　甲は、主たる債務者が下記の債務を履行しないときには、その債務の全額について履行する意思を有している。

記

　　主たる債務の債権者　　○○○○

　　主たる債務の債務者　　○○○○

　　主たる債務の元本　　　○円

　　主たる債務に関する利息、違約金、損害賠償その他その債務に従たる全てのものの定めの有無及びその内容

利息　　　　年○％

遅延損害金　年○％

第2条　甲は、債権者が主たる債務者に対して催告をしたかどうか、主たる債務者がその債務を履行することができるかどうか、又は他に保証人があるかどうかにかかわらず、前条の主たる債務の全額について履行する意思を有している。

　　以上のとおり、甲に読み聞かせたところ、甲は、この筆記の正確なことを承認し、署名押印する。

甲　○○○○　㊞

〔以下省略〕

＜書面例のポイント＞

　上記では、連帯保証の場合の例を記載しています（改正法465の6②一イ）。

　連帯根保証の場合は、主たる債務の内容として、主たる債務の債権者及び債務者、主たる債務の範囲、根保証契約における極度額、元本確定期日の定めの有無及びその内容を明記した上、第1条の文言については、「主たる債務者が下記の債務を履行しな

いときには、極度額の限度において、元本確定期日又は民法465条の4第1項各号若しくは第2項各号に掲げる事由その他の元本を確定すべき事由が生ずる時までに生ずべき主たる債務の元本及び主たる債務に関する利息、違約金、損害賠償その他その債務に従たる全てのものの全額について履行する意思を有している。」とし、かつ、上記第2条の文言を記載する必要があります（改正法465の6②一ロ）。

＜実務上のアドバイス＞

　公正証書は貸付契約を締結する前1か月以内に作成する必要があるため（改正法465の6①）、公正証書の作成時点で、貸付時の金利等が確定していない場合や様々なオプションが付された契約の場合は、貸付実行までの間若しくは貸付実行後に、主債務や保証契約の条件が変更される可能性があります。

　この点、少なくとも保証人に対して実質的に不利益となる変更の場合には、改めて公正証書を作成し直す必要があると考えておくべきとの見解があるため、一定の幅を持った条件であることを明確にするとか、保証人が条件変更におけるリスクを認識できるだけの具体的な記載とすることが必要になると思われます。

3　根保証契約書

3−1　極度額の設定

> **新**（極度額の定め）
> 第○条　連帯保証人は、売主に対し、買主が本契約上負担する一切の債務を
> 　　極度額○○○万円の範囲内で連帯して保証する。

＜条項例のポイント＞

　改正前民法においては、いわゆる根保証契約のうち、債務の範囲に金銭の貸渡し又は手形の割引を受けることによって負担する債務（貸金等債務）が含まれ、かつ個人が保証人となるものについてのみ、極度額の定めが必要でしたが、上記条項例では、融資に関するものでない根保証契約についても極度額の定めが必要とする改正法465条の2の規定を反映させています。

＜実務上のアドバイス＞

　継続的な売買取引に基づく代金債務の保証、不動産賃貸借に係る賃借人の債務の保証、デリバティブ取引に係る債務の保証等についても、極度額を定める必要があります（改正法465の2③・446②③）。

　この極度額は、保証契約の締結の時点で確定的な金額を書面又は電磁的記録上定めておかなければならず、例えば、賃料の変動時には変動後の賃料の4か月分を意味する趣旨で「極度額は賃料の4か月分」と記載されている場合等は、極度額の定めがなく保証契約が無効となり得るので注意が必要です。

　極度額をいくらに設定するかについての制限はありませんが、個人保証人の資産・収入に照らして、保証債務が実際に現実化した際に、実際に支払が可能と想定される金額を極度額に設定することになると思われます。

3－②　元本確定事由の設定

新 （元本確定事由）

第○条　次の各号の一の事由が生じたときは、本件債務（売買代金・賃料等）
　　の元本は確定する。

　①　連帯保証人の財産に強制執行又は担保権の実行を申し立てたとき（た
　　　だし、強制執行又は担保権実行の手続が開始されたときに限る。）

　②　連帯保証人が破産手続開始決定を受けたとき

　③　主たる債務者又は連帯保証人が死亡したとき

＜条項例のポイント＞

　改正前民法においては、貸金等根保証契約についてのみ元本確定事由が定められて
いましたが（改正前民465の4）、個人根保証契約一般についても元本確定事由が定められ
たことから、上記条項例では、改正法465条の4第1項の規定を反映させています。

　なお、個人貸金等根保証契約の元本確定事由については、改正前民法から変更はさ
れていません。

＜実務上のアドバイス＞

　継続的な売買契約や賃貸借契約など、個人根保証契約の場合、主たる債務者が破産
手続開始決定を受けた場合や強制執行又は担保権実行の申立てがあった場合でも、元
本は確定せず、その後に発生した債務についても、保証人に対して請求することが可
能です。しかし、上記事由は民法137条1号若しくは契約に定める期限利益の喪失事由
に該当する可能性が高いため、債権者は、保証人に対して、2か月以内に期限の利益を
喪失した旨通知する必要があります（改正法458の3参照）。

3−3　事業のための借入れでないことの確認

> 新　（資金使途）
>
> 第○条　債権者及び保証人は、主たる債務者による主たる債務の資金使途が
> ○○であり、主たる債務者の営む事業のために借り入れたものでないこと
> を確認する。

＜条項例のポイント＞

　改正法では、主たる債務が「事業」のために負担した貸金等債務であり、かつ、保証人が個人である場合、契約締結前に公正証書による保証意思の確認を要するところ、本契約における主たる債務がこれに該当しないことを確認するものです（改正法465の6①③）。

＜実務上のアドバイス＞

　「事業」とは、一定の目的を持ってされる同種の行為の反復継続的遂行をいい、事業のために負担した貸金等債務に該当するか否かは、主たる債務者が、その貸金等債務を負担した時点を基準として、債権者と主たる債務者との間でその貸付け等の基礎とされた事情に基づいて客観的に定まります。

　したがって、主たる債務者が実際には事業に用いる意図を有していたとしても、事業以外の目的を使途であると説明し、又は、その意図を明らかにせず借入れの申込みを行い、債権者も事業資金でないと認識して貸し付けていた場合は、現にその金銭が事業のために使われたとしても、事業のために負担した貸金等債務とはいえず（公正証書による保証意思の確認がないことを理由に）保証債務が無効になることはありません。

　したがって、上記条項例により、資金使途が事業のためでないことを確認しておくことが重要です。

第 8 章

債権譲渡に関する契約

144

第1　改正のあらまし

1　譲渡制限特約

　改正前民法では、債権の譲渡は自由とした上で、当事者が反対の意思を表示したときには、譲渡を禁止することができるとしていました（改正前民466）。そして、この譲渡禁止特約に反して債権譲渡がなされたときは、通説では、譲受人が譲渡禁止特約の存在について善意、無重過失の場合を除き、債権譲渡は無効と解されています（いわゆる物権的効力説）。判例でも、直接その旨が判示されているわけではありませんが、譲渡禁止特約が付された債権譲渡は無効という理解が前提にされていました。

　しかし、債権譲渡は、将来債権譲渡担保を典型として、担保目的でなされることが多く、債権を担保とした資金調達において、このような譲渡禁止特約が支障となっていることが指摘されていました。

　そこで、改正法では、このような債権譲渡を禁止したり制限したりする特約（改正法では「譲渡制限特約」と呼ばれています。）があったとしても、債権譲渡は有効であるとしました（改正法466②）（債権的無効又は相対的無効などといわれます。）。

　一方、譲渡制限特約は、譲渡対象となった債権の債務者にとって、その弁済先を固定するという利点があり、債務者の譲渡制限特約による利益は引き続き保護すべきです。そこで、改正法では、譲渡制限特約が付された債権が譲渡された場合、その譲受人が譲渡制限特約の存在について悪意又は重過失のときには、債務者は、譲受人に対する債務の履行を拒絶することができ、かつ、譲渡人に対する弁済や相殺といった債務消滅事由をもって譲受人に対抗することができるとしています（改正法466③）。

　なお、債務者が譲渡人に対して弁済をしたときは、あくまで債権譲渡は有効であり、その債権の債権者は譲受人ですから、譲渡人にとってはその弁済は法律上の原因がない利得になります。したがって、譲受人は、譲渡人に対して、受領した弁済相当額について、不当利得返還請求をすることができます。

　また、債務者は、譲渡制限特約が付された債権が譲渡されたときは、その債権の全額に相当する金銭を供託することができることになりました（改正法466の2①）。改正前民法でも、譲渡禁止特約が付された債権が譲渡された場合、譲受人の主観面によって債権の帰属が変わることから、債務者にとって債権者不確知に当たり、供託できる場合がありましたが、改正法では、債権譲渡は常に有効であり、債権者不確知には当たらないため、債務者のために新たに供託原因が法定されたものといえます。債務者

が供託をしたときには、その供託金は、債権の譲受人が還付請求することができます（改正法466の2③）。

　上記のとおり、債権譲渡は常に有効であり、その債権は譲受人に帰属している一方で、債務者は譲受人が譲渡制限特約の存在について悪意・重過失のときは、譲受人からの履行の請求を拒絶することができます。そのため、債務者は、譲受人からの請求を拒絶しながら、譲渡人に対しても弁済をせず、譲渡人も積極的な回収行為をせずに、弁済がされない状態が続くことも予想されます。

　そこで、改正法では、債務者が履行をしないときには、譲受人は、債務者に対し、相当の期間を定めて譲渡人への債務の履行を催告することができ、その期間内に履行がないときには、もはや債務者は譲受人からの請求を拒絶できず、譲受人に対して債務を履行しなければならないとされています（改正法466④）。これにより、債務者が履行期を過ぎても譲渡人に対して弁済等をしないときは、譲受人は譲渡を受けた債権を債務者から回収することができます。

　また、譲渡人について破産手続開始決定があったときは、第三者対抗要件を具備している債権の譲受人は、譲渡制限特約について悪意又は重過失であっても、債務者に対して、その債権の全額に相当する金銭を供託させることができるとされました（改正法466の3前段）。この請求に基づいて供託されたときには、譲受人が還付請求をすることができます（改正法466の3後段）。上記のとおり、譲受人が譲渡制限特約の存在について悪意、重過失のあるときに、債務者が譲受人への履行を拒絶し、譲渡人に対して弁済したときでも、譲受人は譲渡人に対して不当利得返還請求をすることができ、譲受人が破産管財人に弁済をしたときも、その不当利得返還請求権は財団債権になると理解されています（破産148①五。一定の場合には取戻権となるとする見解もあります）。もっとも、財団債権であっても、破産財団が十分にないときには、全額の支払を受けられるとは限りません。そこで、改正法466条の3により、譲受人が債務者に対して供託を請求し、債務者が供託することによって、譲受人が譲渡を受けた債権全額の回収を受けることができます。

　譲渡制限特約が付された債権が差し押さえられた場合、債務者は、差押債権者に対して、差押債権者の主観的要素にかかわらず、債権譲渡がなされたときのような履行拒絶権や、元の債権者に対する弁済等の債務消滅事由による対抗は認められません（改正法466の4①）。これは、改正前民法における判例（最判昭45・4・10民集24・4・240）の考えを反映したものです。

　一方で、譲渡制限特約のある債権が譲渡され、その譲受人が譲渡制限特約の存在に

ついて悪意又は重過失のときに、譲受人の債権者が当該債権を差し押さえたときは、その債権の債務者は、差押債権者に対し、履行拒絶をすることができ、元の債権者（譲渡人）に対する債務消滅事由をもって対抗することができるとされています（改正法466の4②）。これは、債権の譲受人の差押債権者には、譲受人の有する権利以上のものを認める必要はないという考えによるものです。

　現時点でいまだ発生していない将来債権についても、債権譲渡が可能であることや、その将来債権譲渡の対抗要件も、通常の債権譲渡の対抗要件によって具備することができることについても、それぞれ明文が規定されました（改正法466の6①②・467①）。これらも改正前民法における判例の考え方を明文化したものであり、現在の実務と異なるところはありません。

　また、将来債権譲渡がなされた後に譲渡制限特約が付された場合の譲渡制限特約の効力について、改正前民法下においては議論があるところでした。これは、例えば登記によって第三者対抗要件を具備し、担保目的で将来債権譲渡がなされた後、担保権実行前までに、債権の譲渡人と債務者との間で新たに譲渡制限特約が付された場合などに問題となり、担保目的で債権の譲渡を受ける者としては、債権譲渡時点で譲渡制限特約の有無について一定の調査をすることができても、その後に新たに付された譲渡制限特約についてはこれを直ちに知ることが容易ではないことから、担保目的の将来債権譲渡におけるリスクとして考えられていました。

　この点について、改正法では、譲受人が債務者対抗要件を具備する時までに譲渡制限特約が付された場合は、債権の譲受人は、譲渡制限特約の存在を知っていたとみなされ、債務者は、譲受人に対する履行を拒絶し、譲渡人に対する弁済等の債務消滅事由を対抗できることとされました（改正法466の6③）。これにより、将来債権譲渡をした後、債務者対抗要件を具備する前に新たに譲渡制限特約が付された場合には、譲受人は譲渡制限特約の効力を争うことはできないことが明らかになりましたが、一方で、譲渡制限特約が付された債権譲渡の効力は常に有効とされ、これを前提にした上記の各種の規定（債務者に対する譲渡人への履行請求、供託請求等）によって保護が図られるものとされています。

2　債務者の承諾

　改正前民法468条1項は、債権譲渡に当たって、債務者が異議をとどめずに承諾したときには、債務者は、譲渡人に対抗することができた事由であっても、これをもって譲受人に対抗することができないとしていました。

　しかしながら、単に債務者が異議を述べずに債権譲渡を承諾しただけで、譲渡人に主張できた抗弁権が切断されるというのは、債務者にとっては予期し得ないことであり、またその正当性の根拠も十分でないことから、上記規定は不合理であると批判され、制限的な解釈がなされていました。

　このような状況を踏まえて、改正法では、異議をとどめない承諾による抗弁権の切断の規定は削除され、単に、債務者は、債務者対抗要件具備時までに譲渡人に対して生じた事由をもって譲受人に対抗できることのみが規定されました（改正法468①）。

　また、債権譲渡が債務者が関与せずになされるものであることからすると、債務者対抗要件具備時に抗弁事由それ自体が発生している必要はなく、抗弁事由発生の基礎がその時点で発生していれば足りるものと解されています（潮見佳男『新債権総論II』432頁（信山社、2017））。

　なお、譲渡制限特約付の債権が譲渡され、譲受人が譲渡制限特約の存在について悪意・重過失の場合ですが、このときは、債務者対抗要件具備後も、債務者は、債権者からの履行請求を拒むことができるのですから、抗弁事由についても同様に解するのが相当です（部会資料84−3 6頁）。そこで、改正法では、譲渡制限特約付の債権譲渡がなされた際、悪意の譲受人との関係では、譲受人が債務者に対して譲渡人への履行を催告して「相当の期間を経過した時」までに生じた事由について対抗できるとし、また譲渡人に破産手続が開始されたときには、債務者が譲受人から改正法466条の3に基づく「供託の請求を受けた時」までに生じた事由について対抗できるとして、基準時が修正されています（改正法468②）。

　このように、異議をとどめない承諾の制度が削除されましたので、債権の譲受人として、債務者から譲渡人に対する抗弁を対抗できないようにするためには、債務者から、別途「抗弁権の放棄」という積極的な意思表示を受けることが必要になります。

　ところで、異議をとどめない承諾の制度下においては、譲受人がその抗弁の存在について悪意又は有過失であるときには、抗弁権は切断されないと理解されていました（最判平27・6・1民集69・4・672）。一方、抗弁権の放棄は、債務者が自ら抗弁を放棄することは自由であることを前提に、抗弁権放棄の個別の意思表示であるため、譲受人の主観や過失の有無は直ちに影響しません。ただし、その意思表示の効力には意思表示に関する一般的な規律（錯誤、詐欺等）は適用されますし、その意思表示の内容の解釈において、抗弁権放棄に至る経緯や放棄の意思を表示した書面の内容は重要になるといえます。

3　経過措置

改正法の施行日前に債権の譲渡の原因である法律行為がされた場合には、その債権譲渡に関しては、改正法の規定は適用されず、改正前民法が適用されます（改正法平29法44附則22）。この債権の譲渡の原因である法律行為とは、通常は債権譲渡契約そのものです。

したがって、例えば、令和2年3月30日に、将来5年間にわたって生じる債権について担保目的で譲渡をするという将来債権譲渡の契約がなされたときには、改正法施行後に発生する債権についても、改正法は適用されません。譲渡対象となった債権に譲渡制限特約が付されていたときには、改正法の適用の有無で大きく権利関係が異なるので、この点は影響が大きいといえます。

改正法の施行日頃に将来債権譲渡の契約をしようとする場合には、譲渡契約の日をいつとするのか、将来債権譲渡の期間をどうするのかなど、慎重な検討が必要です。

第2　見直し条項

契約書名	見直し条項・書面
1　債権譲渡契約書	① 表明保証条項
2　債務者への通知	① 債権譲渡通知書 ② 譲渡人に履行することの催告書 ③ 供託の請求書
3　債権譲渡の承諾書	① 債権譲渡の承諾書（従前の異議をとどめた承諾） ② 抗弁権の放棄を伴う債権譲渡の承諾書

1　債権譲渡契約書

1 — 1　表明保証条項

旧 （表明保証）

第○条　譲渡人は譲受人に対し、以下に記載の事項が真実であることを表明し、保証する。

① 　本件譲渡債権について、不存在、無効、取消し、解除、相殺、その他の債務者による抗弁事由が存在しないこと

② 　本件譲渡債権について、譲渡人と債務者との間には譲渡禁止特約は存在しないこと

新 （表明保証）

第○条　譲渡人は譲受人に対し、以下に記載の事項が真実であることを表明し、保証する。

① 　本件譲渡債権について、不存在、無効、取消し、解除、相殺、その他の債務者による抗弁事由が存在せず、また抗弁事由を発生させる原因やそのおそれもないこと

② 　本件譲渡債権について、譲渡人と債務者との間には譲渡制限特約は存在しないこと

＜条項例のポイント＞

（1）　抗弁事由に関する表明保証

上記条項例旧の①は、債権譲渡契約において、譲渡人が譲受人に対して、その譲渡対象の債権について、債務者から、債権の不存在であったり、その発生原因となる契約を取り消したり解除するといった主張、さらには譲渡債権と譲渡人に対して債務者が有する反対債権とを相殺するといった抗弁を主張されるような事由はないことを表明保証するものです。

上記条項例新の①では、債権譲渡契約締結時点において、具体的な抗弁事由が発生していないことを表明保証することに加えて、そのような抗弁を発生させる原因やおそれもないことを表明保証させるものです。

（2）　譲渡制限特約に関する表明保証

　改正前民法では、債権の譲渡を禁止する条項のことを「譲渡禁止特約」と呼ぶことが多く、債権譲渡契約の中でも、「譲渡禁止特約」という言葉を用いるのが一般的でした。

　改正法では、これまでの譲渡禁止特約について、改正法の条文中に、「譲渡を制限する意思表示」と記載されていることから、従前の譲渡禁止特約を「譲渡制限特約」と呼ぶことが一般的になってきています。そこで、上記条項例新でも、一般的な呼称に合わせて、「譲渡制限特約」と記載しています。

＜実務上のアドバイス＞

（1）　抗弁事由に関する表明保証

　改正法では、異議なき承諾の制度が廃止され、債務者対抗要件を具備するまでに債権の譲渡人に対して生じた事由をもって譲受人に対抗できるとされました（改正法468①）。また、相殺については、債務者は、対抗要件具備の時点で反対債権が発生していなくても、対抗要件具備時より前の原因に基づいて生じた債権をもって相殺することができるとされました（改正法469②一）。

　真正の債権譲渡契約でも、担保目的の債権譲渡契約でも、債権の譲渡人は、譲受人に対して、譲渡債権に抗弁がないことを表明保証する条項を設けることがよくあります。今回の民法（債権法）改正前においても、その表明保証の内容について、単に抗弁権や抗弁事由がないことを表明保証するにとどまらず、抗弁権や抗弁事由が発生するおそれがないことも含めて表明保証条項とすることもありました。今後は、上記の改正を踏まえて、よりこの点を明確にしておくべきと考えられますので、抗弁権や抗弁事由がないことに加えて、その発生となる原因やおそれもないという表明保証条項とすべきと思われます。

　このような表明保証があるからといって、債務者からの抗弁を主張されることがなくなるわけではありませんが（債務者から抗弁を主張されないことを担保するためには、抗弁権の放棄書（本章第2・3─②参照）を取り付けるしかありません。）、譲渡人にこのような抗弁事由がないことを改めて確認させたり、譲渡人との債権譲渡契約を解除したり、損害賠償を主張することができる可能性を残すために、必要な条項といえます。

（2）　譲渡制限特約に関する表明保証

　譲渡制限特約が付された債権譲渡の効力が物権的無効から債権的無効に改正される

ことによって、譲渡制限特約が付された債権の譲渡も常に有効であり、譲受人として、最終的に回収の余地が広がったのは上記の解説のとおりです。

　もっとも、改正法においても、譲渡制限特約が付されていて、譲渡制限特約の存在について悪意、重過失があるときは、債務者から履行を拒絶され、直接債務者から回収することができないことがあるのは従前と変わりがありません。そこで、従前の実務においても、債権譲渡契約の中で、譲渡人に対して、譲渡禁止特約がないことの表明保証をしてもらうことが一般的でしたが、改正法下においても、同様に譲渡制限特約がないことの表明保証を受けるべきと思われます。

2　債務者への通知

2−1　債権譲渡通知書

旧 （債権譲渡通知書）

　今般、当社は、○○株式会社が貴社に対して有する後記債権を、○年○月○日をもって同社から譲り受けましたのでご通知いたします。

　今後のお支払は、当社宛に行っていただきますよう、お願いいたします。

　なお、本件の債権譲渡につき、「動産及び債権の譲渡の対抗要件に関する民法の特例等に関する法律」に基づき、○年○月○日付で債権譲渡登記を行っており（登記番号○○、登記日時○年○月○日午前○時○分）、本通知書とは別に、登記事項証明書を送付しておりますのでご確認ください。

新 （債権譲渡通知書）

1　今般、当社は、○○株式会社が貴社に対して有する後記債権を、○年○月○日をもって同社から譲り受けましたのでご通知いたします。

　今後のお支払は、当社宛に行っていただきますよう、お願いいたします。

　なお、本件の債権譲渡につき、「動産及び債権の譲渡の対抗要件に関する民法の特例等に関する法律」に基づき、○年○月○日付で債権譲渡登記を行っており（登記番号○○、登記日時○年○月○日午前○時○分）、本通知書とは別に、登記事項証明書を送付しておりますのでご確認ください。

2　なお、後記債権について、○○株式会社と貴社との間で譲渡制限特約が付されている場合でも、当社への債権譲渡は有効ですので、当社が後記債権を確定的に取得しています。したがって、譲渡制限特約がある場合でも、貴社が当社に対して弁済されたときには、それは有効な弁済になります。

　また、譲渡制限特約が付されているときには、貴社は、後記債権について、法務局に供託することができますので、お知らせしておきます。

＜書面例のポイント＞

　上記書面例は、債権譲渡登記によって対抗要件を具備した場合に、債権の譲受人か

ら債務者に対して債権譲渡通知を送る書面の例です。債権の譲受人は、登記事項証明書を交付して通知したときには、債務者対抗要件を具備するものとされています（動産及び債権の譲渡の対抗要件に関する民法の特例等に関する法律4②、改正法467①）。

　従前、債務者に対する債権譲渡通知は、単に債権譲渡があったことと、債権の譲受人に支払をすることを求める旨のみを記載するのが一般的でした。

　改正法では、譲渡制限特約があっても、譲受人の主観面にかかわらず、譲受人が確定的に債権を取得します。このことから、譲渡制限特約の存在を知りながら、あるいは譲渡制限特約の存在が疑われる場合でも、担保目的等で、債権譲渡がなされることが考えられます。このようなとき、債務者は、譲受人からの請求を拒絶せず、譲受人にそのまま弁済をすればそれは有効な弁済になることから、債権の譲受人としては、譲渡制限特約があった場合でも、自己が確定的な債権者であって、譲受人に弁済すれば足りる旨を債務者に伝え、直接の弁済を促すことが考えられ、上記書面例 新 ではその点を記載しています。

　また、譲渡制限特約が付されている場合、債務者は、譲受人の主観面にかかわらず、法務局に供託をすることができ、供託されたときの還付請求権は、譲受人が取得します（改正法466の2）。債務者は、この制度を知らないかもしれませんので、譲受人としては、債務者にその点を伝えて、供託を促すことも考えられます。

＜実務上のアドバイス＞

　上記書面例 新 は、譲受人が譲渡制限特約の存在を知っているときや、その存在が疑われるときに、債務者からは履行を拒絶することが想定されるので、できるだけ履行拒絶ではなく、譲受人に直接支払をしたり、供託をすることを促すことを目的とするものです。

　一方、譲渡制限特約が付されている可能性が低いときに、上記書面例 新 のような記載をあらかじめしておくかどうかは悩ましいところです。そもそも、債務者の中には、特に債務者が中小企業や個人であるときには、譲渡制限特約の存在からして知らないことも多いと思われます。そのような債務者に対して、譲渡制限特約に関する記載をすることは、かえって話をややこしくする可能性もあり、円滑な回収を妨げる可能性もあります。

　そこで、上記書面例 新 のような記載をするかは、譲渡制限特約が付されている可能性や、債務者の属性を考慮して判断するべきと思われます。

2－② 譲渡人に履行することの催告書

> 新 （譲渡人への履行の催告書）
>
> 　既に通知しているとおり、当社は、○○株式会社の貴社に対する後記債権を譲り受けています。貴社は、同債権には譲渡制限特約が付されていることを理由に、当社への履行を拒絶していますが、譲渡制限特約が付されている場合でも、当社が確定的に後記債権を取得していることは、既にお伝えしているとおりです。したがって、改めまして、後記債権について当社に支払をされるよう請求いたします。
>
> 　また、後記債権の弁済期は既に経過していますが、貴社は、当社に対する履行を拒絶しながら、○○株式会社に対しても支払をされていません。ついては、**本通知到達後も当社に対する履行を拒絶されるのであれば、本通知到達後1週間以内に、後記債権について、○○株式会社に対して支払をされるよう本書にて催告いたします。**

＜書面例のポイント＞

　譲渡制限特約が付された債権が譲渡され、債務者が譲渡人にも譲受人にも履行をせずに弁済期を経過したときは、譲受人は、債務者に対し、相当の期間を定めた譲渡人への履行を催告することができます。そして、その期間内に債務者が譲渡人に履行しないときは、債務者は、もはや譲受人からの請求に対して履行を拒絶することはできません（改正法466④）。

　上記書面例は、弁済期が経過しても譲渡人に履行をしない債務者に対して、譲渡人に履行することを催告するものです。

　ここでの相当な期間ですが、金銭債権であれば、既に弁済期は経過していますので、1週間程度で十分と思われます。

＜実務上のアドバイス＞

　債務者が譲渡制限特約を理由に譲渡人に支払をしたときでも、譲受人は譲渡人に対して不当利得返還請求権によって支払を求めることができますが、譲渡人の無資力のリスクがあります。したがって、どこまで積極的に譲渡人への履行を求めていくかというのは、譲渡人の資力との関係で悩ましい面がありますので、慎重な検討は必要です。特に、譲受人として悪意・重過失該当性を争っているときには、譲渡人への支払

を求めるのではなく、自己への直接の支払を強く求めたり、譲渡人への支払よりも供託を求めることも検討するべきでしょう。したがって、上記書面を送るのか、送るとしてもどのような内容とするかは慎重な検討が必要です。

　上記書面例では、できるだけ譲受人に直接支払ってもらうべきであることから、譲受人に直接支払うことを求めた上で、それでも債務者が履行を拒絶するときに、譲渡人への履行を催告するという形にしています。

2−③　供託の請求書

|新|（供託の請求書）

　既に通知しているとおり、当社は、○○株式会社の貴社に対する後記債権を譲り受けています。これに対して、貴社は、同債権には譲渡制限特約が付されていると主張されています。

　今般、○○株式会社に対して、○○地方裁判所によって、破産手続が開始されました。ついては、当社は、貴社に対し、民法第466条の3に基づいて、後記債権につき、法務局に供託するよう請求いたします。

　本供託請求により、貴社は、民法第466条の3、同法第468条第2項、同条第1項により、譲渡人や譲渡人の破産管財人に弁済をすることはできなくなります。したがって、今後、貴社は、○○株式会社や、○○株式会社の破産管財人に弁済をしたとしても、それは有効な弁済になりませんので、ご留意ください。

　なお、当社は後記債権の譲渡を有効に受けていますので、本供託請求の後も、貴社は、供託をせずに、当社に対して直接支払をすることはできます。

＜書面例のポイント＞

　譲渡制限特約が付された債権が譲渡され、その後に譲渡人に破産手続が開始したときは、債権の譲受人は、債務者に対して供託を請求することができます（改正法466の3）。供託請求をした後は、譲受人が譲渡禁止特約について悪意・重過失であっても、債務者はもはや譲渡人や譲渡人の破産管財人に対して弁済することはできず、弁済をしてもそれは譲受人に対抗できません（改正法468）。

　上記書面例は、譲渡人に破産手続が開始されたことを受けて、債務者に対して供託を求めるものです。この供託請求が改正法466条の3に基づくものであることを明確にするために、民法の条文を指摘する形にしています。

＜実務上のアドバイス＞

　上記のとおり、供託請求後は、債務者が譲渡人や破産管財人に弁済をしてもそれは譲受人には対抗できませんので、弁済をした場合、債務者は二重払いの義務を負います。

　もっとも、実際に譲渡人や破産管財人に支払をしたときに、任意に二重払いを請求しても、債務者は簡単にはこれに応じないことが多いと思われます。そこで、上記書面例では、供託請求の後には譲渡人や破産管財人に弁済をしても有効な弁済にならないことを記載しています。

3　債権譲渡の承諾書

3−1　債権譲渡の承諾書（従前の異議をとどめた承諾）

旧 （異議をとどめた承諾書）

　当社は、○○株式会社が当社に対して有する後記債権について、××株式会社に対して譲渡することにつき、異議をとどめた上で、承諾いたします。

新 （抗弁権を放棄しない承諾書）

　当社は、○○株式会社が当社に対して有する後記債権について、××株式会社に対して譲渡することにつき、承諾いたします。当社は、後記債権に譲渡制限特約が付されているときでも、これを理由に××株式会社への履行を拒絶することなく、弁済期に××株式会社に対して支払をいたします。ただし、譲渡制限特約を除き、当社が後記債権に対して有する一切の抗弁権を放棄するものではないことを申し添えます。

＜書面例のポイント＞

　従前、例えば担保目的で債権譲渡をなし、その対抗要件具備の方法として、第三債務者から承諾を得て確定日付を取るという方法がとられることがありました。具体的には、債権譲渡担保の場合、担保を設定したことをできるだけ外部に知られないようにしたいというニーズがあり、債権譲渡登記は一般に公示されることから、第三債務者が債権譲渡の事実を口外しないような協力関係にあるときには、その承諾によって対抗要件を具備するという場合がありました。

　第三債務者から協力を得て承諾をしてもらうという場合、第三債務者としては、譲渡人に対する抗弁権があるときには確実に行使できるようにしておくことが必要です。そのため、改正前民法468条1項に基づいて、異議をとどめた形で承諾をすることで、譲受人に対しても抗弁権を確保しておくという方法がとられることがありました。

　ところで、改正法では、異議をとどめない承諾による抗弁権の切断の制度がなくなりました（改正法468①）。このため、債権譲渡の承諾をしただけでは抗弁権は切断され

ず、異議をとどめた形で承諾をする必要はなくなりました。もっとも、抗弁権を任意に放棄することは可能ですので、上記書面例[新]では、抗弁権を放棄したわけではないことを明確にするために、念のため、抗弁権を放棄するものではないことを明示する形にしています。

＜実務上のアドバイス＞

　従前、譲渡禁止特約がある場合でも、債務者が債権譲渡を承諾することによって、譲受人の主観面にかかわらず、債権譲渡が遡及的に有効になると解されていました（最判昭52・3・17民集31・2・308）。

　改正法によって、譲渡制限特約のある債権譲渡も有効であり、債務者は譲受人に対する履行を拒絶することができるという抗弁権を持つものとされました。そのため、単に債務者が債権譲渡を承諾するだけで、この履行拒絶の抗弁権を放棄することになるのか、明確ではありません。したがって、譲渡制限特約がある場合でも、履行拒絶をせずに譲受人に対して支払をすることを明確にするべきと思われ、上記書面例[新]ではこの点を記載しています。

　また、上記書面例[新]では、抗弁権を放棄しないことを明確にしていますが、債権譲渡を承諾するということは、譲渡制限特約による履行拒絶については除外する趣旨ですので、この点も明確にする形にしています。

3－2　抗弁権の放棄を伴う債権譲渡の承諾書

旧 （抗弁権の放棄を伴う債権譲渡の承諾書）

　当社は、○○株式会社が当社に対する有する後記債権について、××株式会社に対して譲渡することにつき、異議なく承諾いたします。

新 （抗弁権の放棄を伴う債権譲渡の承諾書）

　当社は、○○株式会社が当社に対して有する後記債権について、××株式会社に対して譲渡することにつき、承諾いたします。当社は、後記債権に譲渡制限特約が付されているときでも、これを理由に××株式会社への履行を拒絶することなく、弁済期に××株式会社に対して支払をいたします。

　また、当社は、後記債権について、当社から主張できる抗弁権が存在せず、また抗弁権発生の原因となる事由も存在しないことを確認します。

　そして、当社は、××株式会社に対し、後記債権について、○○株式会社に対する反対債権（将来取得する反対債権も含みます。）と相殺せず、後記債権の発生原因となった契約の解除権及び取消権（将来取得する解除権及び取消権を含みます。）を行使しません。

＜書面例のポイント＞

　本章第1・2で解説したとおり、異議をとどめない承諾による譲渡人に対する抗弁権の制度がなくなりました。

　債権の譲受人として、債務者の譲渡人への抗弁権を切断するためには、別途、抗弁権の放棄をしてもらうことが必要です。上記の書面例は、債務者から抗弁権放棄の意思表示を受けるものです。

　また上記書面例新は、債務者から特に抗弁権は存在せず、また抗弁権発生の原因となる事由もないことの確認を受けています。何らかの抗弁権を有しているのであれば、債務者は具体的に認識しているはずですが、特にそのような認識がないことの確認を受けるものです。

　その上で、債権譲渡の債務者が主張することが想定される抗弁権は、反対債権との相殺、債権の発生原因となった契約の解除権及び取消権と考えられますので、これらを具体的に特定した上で、これらの権利を行使しないことの表明を受ける書面として

います。

　相殺は、将来取得する反対債権によっても主張せず、解除権や取消権は、将来発生する解除権や取消権も含めて行使をしないことを明示してもらっています。債務者から、将来発生するものについて行使しないことまでは表明できない（放棄できない）として抵抗されるかもしれません。その際には、「本日までに生じている」という限定を加えたり、「将来取得する……を含みます。」という括弧書の記載は削除し、将来分は含まない形とすることが考えられます。

　なお、一切の抗弁権を放棄するという書面とするという案も考えられますが、そのような意思表示の有効性に疑問がありますし、債務者から錯誤等の主張がなされる可能性を踏まえて、ここでは採用していません。

＜実務上のアドバイス＞

　一般的に、債務者が抗弁権を放棄すること自体が禁止されるものではありません。上記書面例 新 も、この理解を前提にしています。

　ただ、債務者からの抗弁権放棄の意思表示について、錯誤等の意思表示の規律に服することになります。事後的に、抗弁権が存在したことがわかったときには、債務者から、錯誤の主張がなされたり、当該抗弁権については放棄していないといった主張がなされることが考えられます。したがって、抗弁権放棄の意思表示をしてもらうためには、前提として抗弁権があるのかについては慎重に検討してもらい、また抗弁権放棄の意味について十分な説明をしておくことが重要です。

　放棄があり得る抗弁権として想定されるのは、反対債権との相殺と、債権の発生原因となった契約についての解除権及び取消権であると考えられます。弁済や免除などの抗弁も一応考えられますが、既に弁済されて消滅した債権の譲渡を受けたとして、債務者から抗弁権放棄の意思表示を受けたからといって債権が復活するというのも不自然です（そもそもそのような抗弁を債務者が放棄するということも考えられません。）。そこで、本書では、具体的に想定される相殺、解除権、取消権に限定し、これを具体的に記載して放棄を受けるという書面にしています。

第 9 章

定型約款を用いた契約

第1　改正のあらまし

1　約　款

　銀行預金、保険、クレジットカード、旅行、公共交通、携帯電話等の通信回線、ソフトウェアのライセンス、電気・水道・ガス等の供給など、給付等の内容が均一の大量の取引を画一的に処理するために、契約の一方当事者が定型的な契約条項（一般的に「約款」と言われるもの）をあらかじめ用意し、それを当該取引の契約内容として利用する取引事例は、現代の社会生活においては多数見られるところです。しかしながら、改正前民法では、かかる約款に関する規律は明確ではなく、そのような約款の拘束力や法的根拠については、解釈や判例解釈に委ねられていました。

　民法において、契約が契約当事者を拘束することになる大きな根拠は、契約当事者の意思の合致が基本であるところ、約款を用いた取引において、契約当事者が約款の個々の条項の内容まで把握していない場合でも拘束されるのかということは一つの重要な論点です。他方で、大量に画一的な処理が必要とされるような定型的な取引において、一方の契約当事者が用意した条項の全てについて、逐一内容を契約当事者が認識していなければ契約内容にならないとか、その内容に少しでも変更が必要となった場合に契約当事者の個別の同意が必要であるとすると、そのような定型的な取引の効率性、有用性が大きく損なわれることになりかねません。そこで、改正法では、現代の社会生活において利用されている約款のうち、一定の要件に該当する約款を「定型約款」と定義し、定型約款が契約の内容となるための要件（みなし合意の要件）、不当条項の扱い、定型約款の内容表示とこれを拒否した場合の効果、相手方の個別の同意なしに行うことができる定型約款の変更の要件等を明確にし、定型約款を利用した場合の予測可能性を高めるとともに、事業者と消費者間、事業者と事業者間の取引であるかどうかを問わず、同一の規律の下に置くこととしました。

2　定型約款

（1）　定型約款の定義

　改正法では、現代の社会生活において利用されている約款（あるいは名称の如何を問わず約款と評価されるものも含みます。）の全てを対象とせず、一定の要件に該当する約款を「定型約款」とし、これに対する規律を定めています。「定型約款」とは、「定型取引において、契約の内容とすることを目的としてその特定の者により準備された

条項の総体」（改正法548の2①）であり、その中の「定型取引」とは、「ある特定の者が不特定多数の者を相手方として行う取引であって、その内容の全部又は一部が画一的であることがその双方にとって合理的なもの」（改正法548の2①）をいいます。また、定型約款を準備した者は「定型約款準備者」といいます（改正法548の2②）。

（2）　定型約款に該当する取引の例

　定型約款とは、「契約の内容とすることを目的として」準備したものであることを要します（改正法548の2①）。例えば、事業者が自ら使うマニュアルや取扱ルールのようなものは、これに該当しません。また、定型取引は「不特定多数の者を相手方として行う取引」ですので（改正法548の2①）、取引において特定の相手方の個性に着目して行われる取引はこれに含まれません。例えば、労働者の個性に着目する労働契約や、賃借人の個性に着目する賃貸借契約です。さらに、定型取引は「その内容の全部又は一部が画一的であることがその双方にとって合理的なもの」であることを要します（改正法548の2①）。契約交渉において、契約書の案文（あるいはひな形）が一方当事者によって準備されることは多々ありますが、契約当事者において契約書の案文を吟味し、それを基に交渉が行われることが通常である場合、結果として、案文について修正を加えられないままに締結された場合でも、当該契約書は定型約款には該当しません。また、交渉上の力関係により、一方当事者によって準備された契約書の案文（あるいはひな形）がそのまま使われるような場合も、一方にとって合理的であるに過ぎず、「双方にとって合理的なもの」とはいえませんので、このような契約書も定型約款には該当しません。当該取引の性質を客観的に見て、「その内容の全部又は一部が双方にとって合理的なもの」といえるかどうかが判断されるべきです。例えば、預金取引の約款は、画一的であることが双方にとって合理的なものといえ、定型約款に該当しますが、交渉の余地のある銀行取引約定書やコミットメントライン契約書は該当しないと考えられています。保険約款、クレジットカード利用約款、旅行業約款、宿泊約款、運送約款、ソフトウェアの利用規約等は、交渉による個別修正は通常想定されておらず、定型約款に該当することが多いと考えられます。さらに、前述の定型約款の要件に該当する限り、事業者と消費者間の取引に用いられるものに限られず、事業者間の取引に用いられるものも、定型約款の規定が適用されることになります。もっとも、事業者間で取り交わされる契約のほとんどは、個別の交渉等が予定されたものが多いと考えられますので、定型約款に該当しない場合が多いでしょう。

3　みなし合意

(1)　定型約款が契約の内容となるための要件

ア　合意又は表示によるみなし合意

　改正法は、定型約款を利用した契約について、契約の相手方が定型約款の内容を認識していなくても、契約の内容として合意したものとみなすための要件を明らかにしました。すなわち、①契約当事者が定型取引を行うことを合意し、かつ、②⑦当事者が定型約款を契約の内容とする旨を合意し（改正法548の2①一）、又は、⑦定型約款を準備した者があらかじめその定型約款を契約の内容とする旨を相手方に表示したとき（改正法548の2①二）には、定型約款を構成する個々の条項について合意したものとみなされます（改正法548の2①）。なお、定型約款を準備した者が定型約款を契約の内容とする旨を「公表」しているだけでは足りず、相手方に対する「表示」までが必要です。上記のいずれかの要件が充足される場合には、定型取引を行う相手方が定型約款の内容を認識していなくても、定型約款の個々の条項についても合意したものとみなされ、定型約款の個々の条項の内容がそのまま契約内容となって、契約当事者を拘束することになります。

イ　公表によるみなし合意

　鉄道・バス等による旅客運送取引や、高速道路等の利用（通行）取引に用いられる定型約款の場合には、その取引態様からは、契約当事者の定型約款を契約の内容とする旨の合意（前記ア②⑦の要件）も、定型約款を契約の内容とする旨の利用者に対するあらかじめの表示（前記ア②⑦の要件）も認められない場合があります。しかしながら、かかる取引の公共性からは、定型約款による契約内容の補充の必要性が高い取引ですので、個々の特別法により、相手方に対する表示を要せず、定型約款によって契約の内容が補充されることをあらかじめ「公表」していれば、当事者が定型約款の個々の条項について合意したものとみなされることとしています（鉄道営業法、軌道法、海上運送法、道路運送法、航空法、道路整備特別措置法、電気通信事業法等）。その場合、例えばインターネット上で、提供サービスが定型約款に従う旨が掲示されていれば、定型約款を契約の内容とする旨が「公表」されているとして、定型約款の拘束力が認められることになります。

(2)　不当条項規制

ア　みなし合意が認められない条項

　改正法は、定型取引を行う相手方が定型約款の個々の条項の内容を把握していなくても、これについて合意したものとみなし契約内容となるための要件を明らかにしま

したが、定型約款の中に相手方にとって不当な条項が含まれている場合に、これがそのまま契約内容となることを認めては、当事者の衡平を害する場合があります。そこで改正法は、定型約款が、「相手方の権利を制限し、又は相手方の義務を加重する条項であって、その定型取引の態様及びその実情並びに取引上の社会通念に照らして民法第1条第2項に規定する基本原則（信義則）に反して相手方の利益を一方的に害すると認められるもの」については、当該条項について合意をしなかったものとしました（改正法548の2②）。信義則の適用があるという当然のことを明確にするとともに、信義則に反するかどうかの判断に際しては、「定型取引の態様及びその実情並びに取引上の社会通念」が考慮要素となることを明確にしています。「定型取引の態様及びその実情」として考慮するとは、当該条項そのもののみならず、取引全体に関わる事情を取引通念に照らして広く考慮するということです。例えば、特定の条項が相手方にとって不利であっても、取引全体を見ればその不利益を補うような定めがあるのであれば全体としては信義則に違反しないと解される場合には不当条項に該当しないということもあります。また、定型取引の相手方が当該条項の内容を認識していたかどうかも「定型取引の態様及びその実情」として考慮されることも考えられます。なお不当条項規制によりみなし合意が適用されない場合には、定型約款のうち当該条項のみが契約内容とならないだけで、他の条項は当事者を拘束します。

　　イ　消費者契約法との関係

　定型約款を用いた取引が事業者と消費者との間で締結された場合、改正法の不当条項規制のほかに、消費者契約法に基づく規制を受けることになります。改正法548条の2第2項は、消費者契約法10条と同様の枠組みを採用していますが、消費者契約法の不当条項規制は、事業者と消費者間に情報・交渉力に格段の差があることを前提に、消費者に一方的に不利な合理性のない条項を不当条項として、これを無効とする制度であるのに対して、改正法の不当条項規制は、定型約款の特殊性（契約の内容を具体的に認識しなくても定型約款の個別条項について合意したものとみなされる）、契約締結の態様、（不合理でない）取引慣行や、その他の取引全体に関わる事情を広く考慮に入れて不当性の有無が評価される制度です。改正法の不当条項規制の適用範囲と、消費者契約法の不当条項規制の適用範囲は、多くは重複するものと考えられますが、必ずしも一致するとは限りません。

　(3)　定型約款の内容の表示

　　ア　定型約款の内容の表示請求

　改正法では、定型取引を行う相手方が定型約款の個々の条項の内容を把握していな

くても、これについて合意したものとみなし、契約内容となることを認めています（改正法548の2①）。かかる規律の下では、定型約款準備者が、相手方に対して事前に定型約款の内容を開示することまでは求められませんが、相手方が定型約款の個々の条項の内容を確認したいと考えた場合の機会の確保は重要です。そして、相手方が定型約款の内容を確認しようとしたにもかかわらず、定型約款準備者がその機会を奪った場合には、みなし合意を認めることは適切ではありません。そこで、改正法は、定型約款準備者が、定型取引合意の前又は定型取引合意の後相当期間内に、相手方から請求があった場合には、遅滞なく、相当な方法で定型約款の内容を開示する必要があるとしました（改正法548の3①本文）。なお、相手方からの開示請求に際して、定型約款準備者が、定型取引合意の前に、相手方に対して定型約款を記載した書面を交付したり、又はこれを記録した電磁的記録を提供していた場合には、開示義務はありません（改正法548の3①ただし書）。この場合、定型約款の内容の確認の機会は与えられていますから、重ねての開示は必要ないからです。また、「相当な方法」ですが、相手方に対して定型約款を記載した書面を交付したり、又はこれを記録した電磁的記録を提供することはもちろんこれに該当しますが、その他にも定型約款が掲載されているウェブサイトのURLを相手方に対して案内し、相手方が容易にこれを確認できる状態にすることでも足りると考えられます。もっとも、ウェブサイトに単に掲載しただけで、相手方への通知をしていない場合には不十分でしょう。

　　イ　表示請求を拒絶した場合の扱い

　定型約款準備者が、定型取引合意の前に相手方から開示請求を受けたにもかかわらず、当該請求を拒否した場合には、それが一時的な通信障害の発生その他正当な事由がある場合を除き、定型約款についてみなし合意が適用されないものとしました（改正法548の3②）。定型約款準備者が開示を拒否しているのに、みなし合意によって契約内容となるのは不合理だからです。なお、定型取引合意後に相手方から開示請求を受けたにもかかわらず、当該請求を拒否した場合には、みなし合意の成立までは覆りませんが、相手方から表示義務の履行の強制や義務違反による損害賠償を受ける可能性は残ります。

4　定型約款の変更

(1)　定型約款の変更を認める必要性

　定型約款を用いた取引も契約である以上、その契約内容となっている約款の内容を一方当事者が勝手に変更するということはできないのが原則です。しかし、定型約款

を用いた取引が継続している最中に、定型約款準備者が、定型約款の中の一部を変更する必要が生じた場合に、取引の相手方の全てから、個別に変更についての同意を取る必要があるとした場合には、相当の困難が予想されます。また、個別の同意の有無によって契約条件が変わるとすれば、定型約款としての画一性の維持も困難となり、定型約款利用による取引の効率性が阻害されます。他方で、定型約款準備者が、自由に定型約款の内容を変更することができるとした場合には、取引の相手方に不測の不利益を生じさせ、当事者の合意を無視することになりかねません。そこで、改正法は、定型約款の画一性を維持したまま行う変更の必要性と契約当事者の予測可能性のバランスを取るべく、一定の要件の下で定型約款の変更をすることにより変更後の定型約款の条項について合意したものとみなし、個別に相手方の同意を得ずとも契約の内容を変更できることとしました（改正法548の4）。

　(2)　変更を認める要件

　改正法は、以下のいずれかの場合には、定型取引の相手方の個別の同意を得ずとも、定型約款の変更をすることにより変更後の定型約款の条項について相手方の合意があったものとみなすことができることを明らかにしました（改正法548の4①）。一つは①定型約款の変更が相手方の一般の利益に適合するとき（改正法548の4①一）であり、もう一つは②定型約款の変更が、契約をした目的に反せず、かつ、変更の必要性、変更後の内容の相当性、改正法548条の4の規定により定型約款の変更をすることがある旨の定めの有無及びその内容その他の変更に係る事情に照らして合理的なものであるとき（改正法548の4①二）です。①は、定型取引の相手方にとって不利益になるものではありませんから、個別の同意を得ずとも定型約款の変更を認めることに問題はありません。②は、定型約款の変更の必要性、変更後の内容の相当性等に照らして、変更が合理的である場合に限り、個別の同意を得ずとも定型約款の変更を認めるものです。

　②の場合による変更の際、変更条項が定型約款の中に定められていることは、定型約款の変更が認められるための要件ではありませんが、変更の合理性を判断するための考慮要素として「この条〔改正法548条の4〕の規定により定型約款の変更をすることがある旨の定めの有無及びその内容」と定められていますので、定型約款準備者による相手方の同意なしに定型約款の変更ができる旨の条項の存在は変更を認めやすくする要素です。また、変更に関する手続等の内容（変更の対象、変更に係る周知方法に関する規定の有無、変更に係る周知期間の長さ）も考慮要素となります。さらに、相手方に解除権を与えるなどの措置が講じられているか、個別の合意を得ようとすることにどの程度の困難を伴うのか（約款の変更による必要性）といった事情も、「その

他の変更に係る事情」として考慮されることになります（部会資料83-2 41頁）。

　(3)　変更の手続

　変更の手続ですが、定型約款準備者は、定型約款の変更をする場合には、効力発生時期を定め、インターネットの利用その他の適切な方法により、定型約款を変更する旨及び変更後の定型約款の内容並びに効力発生時期を周知させる必要があります（改正法548の4②）。さらに、改正法548条の4第1項2号による定型約款の変更の場合には、その周知を、効力発生時期が到来するまでに周知しておかなければ、その効力が生じないとされています（改正法548の4③）。これは相手方にとって利益変更となる場合とそれ以外の変更の場合の規律を区分するものです。具体的にどのような方法が「適切な方法」かは定型取引の態様等によって異なってくると考えられます。定型約款の変更内容を相手方全員に対する書面やメール等の送付で行う方法のほか、ネット店舗における定型取引に係る定型約款の変更の場合には当該ネット店舗のウェブサイトにおける告知、あるいは、実店舗における定型取引に係る定型約款（会員制度やポイント制度の約款等）の変更の場合には店舗での掲示等が考えられます。

5　経過措置

　定型約款の規定は、改正法において新たに創設されたものですが、施行日前に締結された契約についても適用されます。もっとも、施行日前に締結された契約で、使用されている約款が「定型約款」に該当する場合に限られ、「定型約款」に該当しない約款は、従前の解釈に従うことになります。施行日前に締結された契約で使用されている約款が「定型約款」に該当する場合、改正法が適用されることになりますが、これに異議のある者（定型約款準備者も含みます。）は、施行日までに書面等によって反対の意思を表示することができます（改正法平29法44附則33②）。ただし、契約又は法律の規定により解除権を現に行使することができる当事者は、この反対の意思表示をすることができません（改正法平29法44附則33②括弧書）。改正法の適用について反対であれば解除することができるからです。なお、施行日前に生じた効力については妨げられません（改正法平29法44附則33①ただし書）。

第2　見直し条項

契約書名	見直し条項
1　定型約款による契約	① 定型約款を契約内容に取り込むための条項（みなし合意のための条項） ② 解約条項（不当条項と評価されない条項） ③ 約款の変更

1　定型約款による契約

1−1　定型約款を契約内容に取り込むための条項（みなし合意のための条項）

> |新|（○○サービス利用約款）
> 第○条　お客様は、本サービスの利用に当たっては、○○サービス利用約款の内容を確認し、その内容について同意するものとします。

＜条項例のポイント＞

　定型取引となるサービスの利用では、サービス提供者が申込書を用意し、これを使って利用希望者が申込みをすることによって、契約が成立する場合が多いでしょう。

　上記条項例は、定型取引となるサービスの利用に際して、そのようなサービス利用のための申込書において、サービス利用者が当該サービスのために定型約款準備者が用意した定型約款に従う旨を明示することにより、「当事者が定型約款を契約の内容とする旨の合意」の要件（改正法548の2①一）を確保するための条項例です。取引の契約書を別途作成するような場合には、当該契約書の中に「本契約には、○○サービス利用約款が適用されます。」旨の条項を入れておく方法が考えられます。また、ウェブサイト上で契約が成立する仕組みを提供する場合には、定型約款の全てを確認できる状態にするとともに、定型約款を契約の内容とする旨の合意が確認できるチェックボックスを設けて利用者にチェックを入れてもらうなどの方法も考えられます。

＜実務上のアドバイス＞

　定型約款を利用しようとする場合には、定型約款の個々の条項をあらかじめ示す必要まではありませんが、申込書や契約書において、「定型約款を契約の内容とする旨の合意」があることを明確にするように工夫することが重要です。もちろん、あらかじめ定型約款を定型取引の契約の内容とする旨を相手方に表示していた場合でもみなし合意は使えますが、表示の有無について争いになることもあり得ますので、定型取引を行おうとする相手方からの申込み等の際に、申込書や契約書で、「定型約款を契約の内容とする旨の合意」の根拠となる条項を利用して、積極的に合意を確保することが望ましいと言えます。

1－2　解約条項（不当条項と評価されない条項）

旧　（解約条項）

第○条　お客様は、本サービスの利用開始後、申込書記載の契約期間満了まで、理由の如何を問わず、お客様の都合により本サービスを解約することはできません。

新　（解約条項）

第○条　お客様は、本サービスの利用開始後、<u>以下の事由の場合に該当する場合に限り、本サービスを解約することができます。</u>

　①　〔省略〕

　②　〔省略〕

＜条項例のポイント＞

　上記条項例新では、定型取引となるサービスの利用者が、当初に申し込んだ契約期間中に理由の如何を問わず中途解約できない旨を定めた条項が、改正法の下で不当条項に該当すると考えられる場合には、当該条項に対するみなし合意が認められない可能性があるところ、かかる不当条項に該当する可能性がある解約条項を、合理的な条項に修正するものです。定型約款準備者としては、解約事由を限定的にする一方、解約事由を明示的に記載することで契約当事者の予測可能性は高まり条項としての合理性は高まると考えられます。もっとも、どのような条項が不当条項に該当するかは取引の種類や態様、取引慣行等によって異なってくることが考えられます。消費者契約法で議論されている不当条項規制の内容が参考にはなるものの、定型約款が使用されるのは消費者契約に該当する契約だけには限りませんから個別に判断する必要があります。したがって、上記条項例新が全ての取引において妥当するとは限りませんので各取引の種類、態様、取引慣行等に応じた工夫が必要です。

＜実務上のアドバイス＞

　改正法では、現在使用している約款が定型約款の要件を充たす場合には、その中に不当条項と評価される条項があると、みなし合意が認められず、結果として、当該条項は契約内容にならないことになります。したがって、現在使用している約款（利用

規約等その他の名称のものも含みます。）がある場合には、まずは当該約款が「定型約款」に該当しないかどうかを確認するとともに、仮に「定型約款」に該当すると考えられる場合には、その中に不当条項に該当すると評価されるような条項が存しないかどうかを再確認する必要があります。上記のとおり、どのような条項が不当条項に該当するかは取引の種類や態様、取引慣行等によって異なってくることが考えられ、消費者契約法で議論されている不当条項規制の内容が参考にはなるものの、契約に応じて個別に判断する必要があります。

　なお、既に消費者を相手方とする取引において使用されている約款は、消費者契約法10条に対応した約定がされていることが多いと考えられます。改正法548条の2第2項と消費者契約法10条の適用範囲については同一ではないとしても、その多くは重複するものと考えられますので、既存の約定で消費者契約法違反とならないように作成された約款の内容は改正法に対応したものになっている可能性が高いと考えられますが、消費者契約法と改正法で不当条項に該当するかどうかを判断するための考慮要素は異なっているので念のための再確認をすることが望ましいでしょう。他方で、改正法における定型約款は、事業者間取引で使用される約款についても適用されますので、それが「定型約款」に該当する場合には、改めて不当条項が存しないかどうかの確認は必須でしょう。不当条項に該当すると考える条項は、削除するか、あるいは不当と評価されない内容に変更する必要があります。

1−③　約款の変更

┌───┐

旧 （約款の変更）

第○条　当社は、本約款の内容を予告なく変更することができるものとし、本約款の変更後における本サービスの利用、利用料その他の条件は変更後の約款によるものとします。

新 （約款の変更）

第○条　当社は、本約款を変更しようとする場合には、<u>変更の内容及び効力発生時期を明示し、効力発生日の相当期間前までに、当社ウェブサイトに掲示する方法又はその他の方法により</u>、本サービス利用者に周知するものとします。

2　前項による<u>約款の変更について同意しない本サービス利用者は、当社所定の方法に従い、効力発生日まで、本契約を解除することができるもの</u>とします。

3　本約款は、<u>第1項の手続完了後、効力発生日から、第1項で周知された内容により変更される</u>ものとします。

└───┘

＜条項例のポイント＞

　上記条項例新では、既存の約款において、相手方の同意なしに定型約款の変更ができる旨の条項が既に規定されている場合に、改正法において、定型約款の変更が合理的かどうかの判断に当たっては、単に変更規定の有無のみならず、変更に関する手続の内容や変更に同意できない相手方に解除権が与えられているかどうかも考慮要素となることを踏まえ、より丁寧な変更手続となるように修正した条項例です。

＜実務上のアドバイス＞

　約款を使用している場合、当該約款の中に約款を準備した事業者側が一方的に約款内容を変更できる旨の約定（以下「変更条項」といいます。）を定めている例は多いかと思います。改正法下において、相手方の個別の同意なしに定型約款を変更できる規律が定められましたが、その際に、定型約款の中に上記のような変更条項が定められていることは必須ではありません。しかしながら、変更条項の有無は、当該変更が合

理的かどうかの考慮要素になりますので、明示的な変更規定を定型約款の中に設けておくことが望ましいでしょう。そのため、既存の約款の中に変更条項が存しない場合には、改正法施行までに適切な変更条項を追加することが考えられます。また、変更条項が既に存する場合でも、単に変更規定があるということのみならず、変更に関する手続の内容や相手方に解除権が与えられているかどうかも考慮要素となることを踏まえれば、取引の実態や実行可能性も踏まえながら、十分な予告期間を設けたり、変更に同意しない相手方の解約権を認めたり、できる限り丁寧な変更手続となるようにすべきです。さらに、約款の変更といっても、その変更内容によって、取引条件に与える影響の大小がありますから、どのような場合に変更できるのかということまで具体的に明示できるのであれば、予測可能性が高まり、変更の合理性がより肯定されやすくなる可能性もあります（上記条項例新では、そこまでの明示はしていません。）。

なお、変更条項自体が、改正法548条の2第2項により不当条項と評価されると、当該変更条項自体が契約内容に取り込まれず、そもそも合意が成立していないとなることがあり得ますので、変更条項自体が不当条項と評価されないような内容とすることにも注意が必要です。

第 10 章

その他の契約

第1　改正のあらまし

1　債務引受

(1)　併存的債務引受の要件と効果

ア　法改正前の学説・判例

改正前民法には、併存的債務引受及び免責的債務引受について特段の規定はありませんでしたが、その有効性は学説・判例上認められてきました。

併存的債務引受が成立するための要件として、債務者・債権者・引受人の三者の合意があれば問題なく成立しますが、債権者と引受人との二者の合意であっても成立すると解されています。併存的債務引受の成立により、債務者の債務と引受人の債務とは特段の事情がない限り連帯債務になるとされており（最判昭41・12・20判時475・33）、併存的債務引受は、保証と類似の機能を有することになります。第三者は主たる債務者の意思に反しても保証債務を負担することができますから、併存的債務引受も、債務者の同意がなくともすることが可能であるとされています（大判大15・3・25民集5・219）。

では、併存的債務引受を、債務者と引受人との二者の合意によりすることができるかについてはどうでしょうか。この点、判例は、これは第三者のためにする契約の一種であると解し、債務引受の成立には債権者の受益の意思表示が必要であるとしました（最判平23・9・30判時2131・57、最判平24・6・29判時2160・20）。

イ　改正法による整理

改正法では、併存的債務引受と免責的債務引受に関する規定が新設されました。

併存的債務引受に関しては、債権者・債務者・引受人の三者契約、債権者と引受人との契約、債務者と引受人との契約、いずれによってもすることができるとされています（改正法470）。ただし、債務者と引受人との契約によるときは、債権者が引受人に対して債務引受を承諾する意思表示をしたときに契約の効力が生じるとされています（改正法470③後段）。上述した判例の立場が明文化されたものです。

効果については、引受人は、債務者と同一の内容の債務を負担し、債務者の債務と引受人の債務とは連帯債務となることが明文化されました（改正法470①）。そして引受人は、引受けの時点で債務者が主張することができた抗弁を債権者に対して主張でき（改正法471①）、債務者が債権者に対して契約の取消権又は解除権を有するときは、引受人は、これら権利の行使によって債務者が債務を免れることができる限度において、債権者に対する債務の履行を拒絶することができます（改正法471②）。また、引受人と

債務者の二者の契約により併存的債務引受がなされたときは、引受人は、引受契約に基づく債務者に対する抗弁を債権者にも対抗することができます（民539）。

(2)　免責的債務引受の要件と効果

上述のとおり、改正前民法には免責的債務引受についても特段の規定はありませんでしたが、改正法により規定が設けられました。

債権者と引受人とが免責的債務引受につき契約したときは、これを債権者が債務者に通知することにより、その効力が生じます（改正法472②後段）。これに対し、債務者と引受人との契約により免責的債務引受をするときは、債権者の承諾が必要です（改正法472③）。債務者が交代するわけですから、その資力に利害関係のある債権者の利益を考慮したものです。

免責的債務引受がなされた場合、引受人は、債務引受の効果が生じた時点で債務者が有していた抗弁を債権者に対抗することができます。また、債務者が債権者に対して取消権や解除権を有していた場合には、引受人は、債務引受がなければ債務者が免責されていた限度で履行拒絶することができます（改正法472の2）。

(3)　免責的債務引受と担保の移転

改正前民法では債務引受についての明文規定がなく、免責的債務引受により債務が債務者から引受人に移転したときに、この債務を被担保債権とする担保権がどうなるかについては解釈に委ねられていました。質権や抵当権などの約定担保権について、判例は、設定者が第三者である物上保証の場合、当該担保権は設定者と債務者との信頼関係を基礎とすることなどから、免責的債務引受の後も存続するためには物上保証人の同意が必要であるとしています（最判昭37・7・20判時310・28）。他方、債務者自身が担保権設定者の場合については固まった判例・解釈はありませんでした。

改正法では、約定担保権について、債権者は、引受人が設定した担保権を引受人が負担する債務に移すことができることとしています（改正法472の4①本文）。他方、引受人以外が設定者である場合は、担保権の移転には設定者の承諾が必要です。承諾があるときは、免責的債務引受がなされた場合でも引き続き引受人が引き受けた債務を被担保債権として存続します（改正法472の4①ただし書）。保証についても、存続させるためには保証人の承諾が必要で、この承諾は書面か電磁的記録によらなければならないとされています（改正法472の4③〜⑤）。なお、これら担保権や保証の移転のために求められる承諾は、債務引受の前若しくはこれと同時に引受人に対する意思表示によってする必要があります（改正法472の4②）。

2　弁　済

(1)　第三者弁済

改正前民法では、利害関係を有しない第三者は、債務者の意思に反して弁済をすることができない、とされていました（改正前民474②）。

改正法では、まず「利害関係を有しない第三者」という表現が「弁済をするについて正当な利益を有する者でない第三者」とされ、このような第三者は債務者の意思に反して弁済をすることができない、とされました（改正法474②本文）。弁済による代位における法定代位の要件と表現を一致させたものです。ただし、債務者の意思に反してすることはできませんが、債務者の意思に反することを債権者が知らなかったときはこの限りでないとされました（改正法474②ただし書）。債務者の意思に反するかどうかを知らずに弁済を受けた債権者が、後に弁済金の返還を求められるリスクを負担することのないようにされたものです。

また、正当な利益を有しない第三者による弁済は、第三者が債務者の委託を受けて弁済をする場合で、そのことを債権者が知っていたときを除き、債権者の意思に反してすることができません（改正法474③）。正当な利益を有しない第三者による弁済であっても、上記のとおりこれが有効となる場合があることから、債権者が受領を拒める場合を明確にしたものです。

(2)　代物弁済契約の性質

改正前民法では、債務者が債権者の承諾を得て、その負担した給付に代えて他の給付をしたときは、その給付は弁済と同一の効力を有すると規定されていました（改正前民482）。このように、条文の文言からは、代物弁済の合意は要物契約であるように読めますが、判例では、代物弁済の目的物が不動産である事案において、代物弁済による債務消滅の効果は所有権移転登記手続を了した時に生じるが、不動産の所有権移転の効果は代物弁済契約の成立時にその意思表示の効果として生じるとしたものがあり（最判昭57・6・4判時1048・97、最判昭60・12・20判時1207・53）、これは代物弁済契約が諾成契約であることを前提としているようにも解されます。

改正法では、弁済者が債権者との間で、債務者の負担した給付に代えて他の給付をすることにより債務を消滅させる旨の契約をした場合において、その弁済者が当該他の給付をしたときは、その給付は弁済と同一の効力を有する、とされ（改正法482）、合意により契約が成立すること、すなわち代物弁済契約が諾成契約であることが明らかにされました。給付をなすまでは従来の債務は消滅しませんから、債権者は、なお債務者に対し、本来の給付を請求することができることになります。

(3) 一部弁済による代位

　改正前民法では、一部弁済をした代位権者は、「債権者とともにその権利を行使する」とされていました（改正前民502①）。

　この点、判例には、代位した者が単独で抵当権を実行し得るとしたものがある一方（大決昭6・4・7民集10・535）、下級審では代位者は債権者から独立して抵当権を実行することはできないとしたものがあり（東京高決昭55・10・20判タ429・106）、上記大審院決定に対しては、代位者が単独で担保権を実行できるとすると、本来の債権者は担保権実行時期の選択権を奪われることになるところ、弁済による代位の制度は本来の権利者である債権者の利益を害してまで代位権者の利益を保護しようとしたものではない、といった批判がありました。

　改正法では、判例の結論とは異なり、一部弁済による代位の場合には、代位者は、債権者の同意を得た上で、弁済をした価額に応じて債権者と共に権利を行使しなければならないものとされました（改正法502①）。

3　契約上の地位の移転

　契約上の地位の移転とは、単に契約上発生する個別の債権・債務を第三者に譲渡することではなく、解除権などの付随的な権利義務も含めた包括的な地位の一体的な移転のことを意味します。契約上の地位の移転に関し、改正前民法には特段の規定がありませんでした。譲渡人と譲受人、そして契約の相手方の三者の契約によって、契約上の地位が譲渡できることには異論がありませんが、譲渡人と譲受人との二者間での契約のみで契約上の地位を移転させることができるかどうかについては、見解が分かれており、契約の相手方の承諾が必要であるとする見解が有力でしたが（最判昭30・9・29判タ53・34）、明文はありませんでした。

　改正法では、契約の一方当事者（譲渡人）が第三者（譲受人）との間で契約上の地位を移転させる旨の合意をした場合には、契約の相手方がこれを承諾したときに、契約上の地位が移転するものとされ（改正法539の2）、契約の相手方の承諾が必要となることが明らかにされました。

4　第三者のためにする契約

　第三者のためにする契約とは、契約から生じる権利を第三者に帰属させる契約のことをいいます。改正前民法において、第三者のためにする契約の成立要件は、①契約により当事者の一方が第三者に対してある給付をすることを約すること、そして②第

三者が債務者に対し、契約による利益を享受する旨の意思表示をすること、でした（改正前民537）。ここで、第三者のためにする契約が有効に成立するためには、契約時に現にその第三者が存在する必要があるか、あるいは、当該第三者が特定している必要があるか、が問題となりますが、判例では、契約成立時に第三者が存在している必要はなく（最判昭37・6・26民集16・7・1397）、また、第三者が不特定であっても契約は有効に成立するとされていました（大判大7・11・5民録24・2131）。また、諾約者が受益者に対して債務を履行しないときは、受益者に対する債務不履行となりますが、要約者との関係でも債務不履行となります。このとき、契約は要約者と諾約者との間で成立していますから、債務不履行を理由とする解除権を有するのは要約者ですが、要約者は単独で解除権を行使し得るのか、それとも受益者の承諾を要するのかについては解釈が分かれていました。

　改正法では、第三者のためにする契約は、その成立の時に第三者が現に存しない場合又は第三者が特定していない場合であっても、そのためにその効力を妨げられないとして、上記の判例が明文化されました（改正法537①）。また、要約者による契約の解除には、受益者たる第三者の承諾を得る必要があるものとされました（改正法538②）。

5　協議による時効の完成猶予

　改正前民法では、時効を中断するには、債務者が債務を承認するか、債権者が裁判上の請求等の手続をとらなければならず（改正前民147）、単に債権者と債務者間で債務に関する協議を行うだけでは時効の中断の効力は生じませんでした。また、債権者が債務者に裁判外の催告をしたとき、そこから6か月以内に裁判上の請求等の手続をとらなければならず（改正前民153）、この期間内に再度催告をしても、催告による時効期間の延長の効果が生じることはありませんでした。

　改正法では、債権者・債務者間で権利についての協議を行う旨の合意が書面でされることにより、時効の完成が猶予されます（改正法151①）。電磁的記録による場合は書面によるものとみなされますから、やはり時効の完成を猶予することが可能です（改正法151④）。このときの猶予期間は、①合意があった時から1年、②当事者間で協議を行う期間を定めたとき（1年未満のものに限ります。）は、その期間、③当事者の一方が相手方に対して協議の続行を拒絶する旨の通知を書面でしたときは、その通知の時から6か月、の①〜③のうち最も先に到来する時までです（改正法151①各号）。

　そして、この時効の完成の猶予期間中に、書面により権利について協議を行う旨の再度の合意をしたときは、そのときから再度時効期間が猶予されることになり、猶予

期間はやはり上記①～③のうち最も先に到来する時までですが（改正法151②本文）、この再度の時効完成の猶予は、本来時効が完成すべきであった時から通じて5年を超えることはできません（改正法151②ただし書）。

6　経過措置

本章で解説した各改正についての経過措置は、以下のとおり定められています。

（1）　債務引受

改正法は、改正法施行日以降に締結された債務の引受けに関する契約に適用され、施行日前に締結された契約には適用されません（改正法平29法44附則23）。

（2）　弁　済

改正法は、改正法施行日以降に生じた債務の弁済に適用され、施行日前に生じた債務の弁済には適用されません（改正法平29法44附則25①）。

（3）　契約上の地位の移転

改正法は、改正法施行日以降にされた契約上の地位を譲渡する旨の合意に適用され、施行日前の合意には適用されません（改正法平29法44附則31）。

（4）　第三者のためにする契約

改正法は、改正法施行日以降に締結された第三者のためにする契約に適用され、施行日前に締結された契約には適用されません（改正法平29法44附則30②）。

（5）　協議による時効の完成猶予

改正法は、改正法施行日以降に権利についての協議を行う旨の合意が書面でされた場合に適用され、施行日前に合意が書面でされた場合には適用されません（改正法平29法44附則10③）。

第2　見直し条項

契約書名	見直し条項
≪債務引受≫	
1　併存的債務引受契約書	① 債務者と引受人との契約による併存的債務引受の条項
2　免責的債務引受契約書	① 債権者と引受人との契約による免責的債務引受の条項
≪弁　済≫	
3　代物弁済契約書	① 債権者・代位弁済者間の条項
≪契約上の地位の移転≫	
4　契約上の地位の譲渡に関する契約書	① 譲渡人・譲受人間の条項
≪第三者のためにする契約≫	
5　第三者のためにする契約	① 要約者・諾約者間の条項
≪協議による時効の完成猶予≫	
6　協議を行う旨の合意書	① 協議を行う旨の合意書面の条項

≪債務引受≫

1　併存的債務引受契約書

1－1　債務者と引受人との契約による併存的債務引受の条項

新　（債務の確認）

第○条　債務者と引受人は、債務者と債権者間の○年○月○日付売買契約に基づき、債務者が債権者に対し、金○円の売買代金支払債務（以下「本債務」という。）を負担していることを確認する。

新　（併存的債務引受）

第○条　引受人は債権者に対し、本債務を債務者に連帯して引き受け、負担する。

　○年○月○日
　　債務者　　○○○○
　　引受人　　△△△△

- -

上記債務引受につき、承諾する。
　○年○月○日
　　債権者　　□□□□

＜条項例のポイント＞

　本章第1・1(1)のとおり、併存的債務引受は債務者と引受人との二者契約でできること、及びその契約が効果を持つための要件として債権者の承諾が必要であることが明文化されました。そこで、引受人の立場から契約条項を規定するときは、債務者と引受人との契約に、引受人が併存的債務引受をする旨とあわせ、当該契約に付記する形で債権者の承諾を得ることが考えられます。

＜実務上のアドバイス＞

　併存的債務引受の合意以外に、例えば債務引受の対価など、債務者と引受人間で合意事項がある場合には、その旨の合意書を作成し、債権者承諾用には別途上記条項例のようなシンプルな書面を作成して承諾印をもらうこととし、その他合意事項は債権者の目に触れないようにすることも考えられます。

2　免責的債務引受契約書

2－1　債権者と引受人との契約による免責的債務引受の条項

|新| （債務の確認）

第〇条　債権者と引受人は、債務者と債権者間の〇年〇月〇日付売買契約に
　　基づき、債務者が債権者に対し、金〇円の売買代金支払債務（以下「本債
　　務」という。）を負担していることを確認する。

|新| （免責的債務引受）

第●条　引受人は債権者に対し、本債務を免責的に引き受ける。

2　　前項の債務引受は、本契約第△条第2項に定める期日までに、同項の保証
　　人の承諾が得られることを条件として効力を生じる。

|新| （引受人が設定した抵当権の移転）

第〇条　債権者は、本債務を担保するために引受人が別紙物件目録〔省略〕
　　記載の不動産に設定した抵当権を、第●条に基づいて引受人が負担する債
　　務を担保するものとして移転させる。

|新| （保証の移転）

第△条　債権者は、本債務を被担保債務とする〇〇〇〇の保証債務を、第●
　　条に基づいて引受人が負担する債務を担保するものとして移転させる。

2　　引受人は、前項の保証債務の移転につき、〇年〇月〇日までに、保証人
　　〇〇〇〇の書面による承諾を取り付ける。

＜条項例のポイント＞

　本章第1・1(2)のとおり、改正法により、債権者と引受人との契約によって免責的債
務引受が成立すること（ただしその効力は、これを債権者が債務者に通知することに
よって生じます。）が明文化されました。また、担保権の移転に関する要件・効果も明
文化されました。そこで、債権者の立場から、引受人との間で免責的債務引受契約を
締結するときは、これらの点を契約書に盛り込むことが考えられます。また、引受人

以外の者が設定した担保権をも移転させるときは、引受人の責任において、担保権設定者の承諾を得ることを契約に定めておくことも考えられます。上記条項例は、これらの点を盛り込んだものです。

　なお、上記条項例には規定としては入れていませんが、上述のとおり、債権者から債務者に対し、引受人との間に免責的債務引受契約を締結した旨を通知しなければ免責的債務引受の効果が生じませんので（改正法472②）、注意が必要です。

＜実務上のアドバイス＞

　引受人は、引受契約により負担した債務について、債務者が主張することができた抗弁を主張したり、債務者が債権者に対して取消権や解除権を有するときは一定の限度で履行拒絶することができますが（改正法472の2）、債権者の立場からは、交渉が可能であれば、引受人との間で引受人がこれら抗弁等を主張しないことを合意し、その旨を契約に定めておくことも考えられるでしょう。

≪弁　済≫

3　代物弁済契約書

3−1　債権者・代位弁済者間の条項

新　（債務の確認）

第○条　債権者と弁済者は、債務者が債権者に対し、債権者・債務者間の○年○月○日付消費貸借契約に基づいて、金○円の貸金返還債務（以下「本債務」という。）を負っていること、弁済者が債務者に連帯して本債務の保証債務を負っていることを相互に確認する。

新　（不動産の評価）

第○条　債権者と弁済者は、別紙物件目録〔省略〕に記載の弁済者所有の不動産（以下「本物件」という。）の評価額が金△円であることを相互に確認する。

新　（代物弁済）

第○条　弁済者は債権者に対し、○年○月○日、本債務のうち金△円の弁済として、本物件の所有権を債権者に移転し、所有権移転登記手続をする。

新　（弁済による代位）

第○条　債権者は、弁済者が前条の義務を履行したときは、弁済者が、金△円という本物件の価額に応じ、債権者と共にその権利を行使することに同意する。

＜条項例のポイント＞

　本章第1・2のとおり、代物弁済契約が諾成契約であることが明確にされ、また、代物弁済者が一部弁済を行った場合、債権者の同意を得ることにより、弁済をした価額に応じて債権者と共に権利行使できることとされました。そこで、例えば弁済をするにつき正当な利益を有する第三者が代物弁済により債務の一部の弁済を行う場合に

は、弁済者の立場からは、代物弁済契約において、代位についての債権者の同意をもあらかじめ得ておくことが考えられます。

＜実務上のアドバイス＞

　改正法では、一部弁済による代位の場合には、代位者は債権者の同意を得た上で債権者と共に権利行使しなければならないと明記されたので（改正法502①）、従来の金融実務において債権者の立場から設けられていたいわゆる代位権不行使特約はもはや不要であるようにも思われます。しかし、例えば一つの担保権が複数の債権を担保しており、そのうち1個の債権について保証人が全額弁済するようなケースも考えられますから、なお同特約の存在意義はあるものといえます。

≪契約上の地位の移転≫

 ## 4　契約上の地位の譲渡に関する契約書

4−①　譲渡人・譲受人間の条項

新 （契約上の地位の譲渡）

第○条　譲渡人と譲受人は、株式会社○○と譲渡人との間の○年△月△日付
　　売買契約書における譲渡人の地位を譲受人に譲渡する。

新 （対価の支払）

第○条　譲受人は譲渡人に対し、○年○月○日限り、前条の契約上の地位の
　　譲渡に対する対価として金○円を支払う。

〔以下省略〕

＜条項例のポイント＞

　本章第1・3のように、契約の相手方の承諾を得れば、譲渡人と譲受人との契約により契約上の地位を移転させることが可能となることが明文化されました。契約の相手方の承諾を得ることが効力発生要件となりますので、契約の相手方からは別途承諾書をもらっておくことが望ましいでしょう。

【参　考】契約上の地位の譲渡に関する承諾書の記載例（契約の相手方）

○○〔契約の相手方〕は、譲渡人が譲受人に対し、□年□月□日、○○・譲渡人間の○年○月○日付△△契約上の譲渡人の地位を譲渡することを承諾する。

＜実務上のアドバイス＞

　譲渡人と譲受人との間の合意事項が地位の譲渡の他は特になく、合意書の内容を契約の相手方に見られても問題がない場合には、本章第2・1−①の併存的債務引受の書式と同様に、譲渡人と譲受人との間の合意書そのものの末尾などに契約の相手方の承諾条項を入れることも考えられます。

≪第三者のためにする契約≫

5　第三者のためにする契約

5－1　要約者・諾約者間の条項

| 新 |（定期金の送金）

第〇条　諾約者は、受益者に対し、〇年〇月〇日から〇年〇月〇日まで、毎月末日限り、金〇円を銀行口座に振り込む方法で支払う。

| 新 |（受益者の受益の意思表示）

第〇条　前条の受益者の権利は、受益者が諾約者に対し、受益の意思表示をしたときに生じる。

| 新 |（解　除）

第〇条　要約者は、諾約者が本契約の各条項の一に違反したときは、受益者の承諾を得た上、本契約を解除することができる。

〔以下省略〕

＜条項例のポイント＞

　本章第1・4のとおり、改正法で、要約者が債務不履行による契約の解除を行うには受益者の承諾が必要であることが明文化されましたので、これを前提とする第三者のためにする契約の条項例として、例えば上記条項例のようなものが考えられます。

＜実務上のアドバイス＞

　第三者のためにする契約は、契約成立時に第三者が現に存在すること、又は特定することは必要でないことが明文化されたため、例えば未出生の子を受益者とする契約も成立し得ます。ただし、受益者が未確定である状態がいつまでも続くことが容認されるのかという問題は、改正法では解決されていません。

≪協議による時効の完成猶予≫

6　協議を行う旨の合意書

6−1　協議を行う旨の合意書面の条項

新 （発生事象の確認）

第○条　甲と乙は、甲乙間に以下の交通事故（以下「本件事故」という。）が
　　発生したことを確認する。
　　①　日　　　時　　○年○月○日午前○時○分頃
　　②　場　　　所　　大阪市○○区〔中略〕先路上
　　③　甲運転車両
　　　　車両番号　大阪××××
　　　　車　　種　普通自動二輪車
　　　　運 転 者　甲
　　④　乙運転車両
　　　　車両番号　大阪○○○○
　　　　車　　種　普通乗用自動車
　　　　運 転 者　乙
　　⑤　事 故 態 様　〔省略〕

新 （協議を行う旨の合意）

第○条　甲と乙は、本件事故に関し、甲の乙に対する損害賠償請求権の存否
　　及びその内容について、協議を行う。

＜条項例のポイント＞

　協議を行う旨の合意をしたときは、時効の完成が猶予されますが、このときの猶予
期間は、本章第1・5①〜③に記載した期間のうち最も先に到来する時までです。そう
すると、時効の完成を少しでも遅らせたい債権者の立場からすると、特に協議期間を
定めることをせずに最大1年の猶予を得たいでしょうし、債務者の立場からは、1年未
満の期間を当事者間で合意することにより少しでも早く時効を完成させたいと考える
ものと思われます。

　特に期間を定めず、権利についての協議を行う旨の合意書の条項例は、上記条項例のとおりです。このときは原則として、合意の時から1年が時効完成猶予期間となります。

＜実務上のアドバイス＞

　協議期間を定める場合は、例えば「甲と乙は、本件事故に関し、○年○月○日までの間、甲の乙に対する損害賠償請求権の存否及びその内容について、協議を行う。」といった条項を置くことが考えられます。

改正民法対応
各種契約書見直しのポイント

令和 2 年 2 月 6 日　　初版一刷発行
令和 2 年11月24日　　　　四刷発行

編　集　堂島法律事務所
発行者　新日本法規出版株式会社
代表者　星　　謙一郎

発 行 所　新日本法規出版株式会社
本　　社　（460-8455）名古屋市中区栄 1 － 23 － 20
総轄本部　　　　　　　　電話　代表　052(211)1525
東京本社　（162-8407）東京都新宿区市谷砂土原町 2 － 6
　　　　　　　　　　　　電話　代表　03(3269)2220
支　　社　札幌・仙台・東京・関東・名古屋・大阪・広島
　　　　　高松・福岡
ホームページ　https://www.sn-hoki.co.jp/